EIFEL 3

NATURPARK NORDEIFEL

mit
Nationalpark Eifel

Hans Naumann

 Wanderführer

Hans Naumann

Jahrgang 1927, stammt aus Aachen und lebt heute in Bonn. Wandern und Radwandern in der Eifel sowie Heimatkunde lernte er in beiden elterlichen Familienzweigen kennen. Aus seiner Feder stammen mehrere Wanderführer und Radwanderführer und verschiedene Veröffentlichungen für das Jugendherbergswerk und den Eifelverein. Insbesondere aber gilt er seit Jahren als der bedeutendste Wanderbuchschriftsteller der Eifel, die ihn als das vielgestaltigste Mittelgebirge Europas fasziniert. Der Autor betreut auch die KOMPASS-Wanderführer 1053 EIFEL 1-Ahrgebirge und 1055 EIFEL 2-Vulkaneifel.

© **KOMPASS-Karten GmbH · 6063 Rum/Innsbruck (Österreich)**

1. Auflage: 2007 · ISBN 978-3-85491-646-8 Verlagsnummer 1049

Text: Hans Naumann   Lektorat: Karin Straßer
Bildnachweis: Norbert Breuer (S. 13), Georg Dittmer (S. 25, 29), Friedrich Holtz (S. 19 oben/unten), Nicole Kolster (S. 83), Herbert Lamberts (S. 15, 111), Jan Lembach (S. 49), Andreas Pardey (S. 1), K. Pauly (S. 6 oben), Erich Schell (S. 3, 98, 100); Hochwildpark (S. 77), Kurverwaltung Bad Münstereifel (S. 81, 87), Nationalparkforstamt Eifel (S. 53); Naturpark Hohes Venn-Eifel/Prüm (S. 114, 117, 119, 125); die übrigen Abbildungen vom Autor.
Titelbild: Schwammenauel; Bild Seite 1: Eifelblick von der Dreiborner Hochfläche; Bild Seite 3: Blick über Blankenheim; Bild Seite 5: Wildenburg.

Grafische Herstellung: wt-BuchTeam
Wanderkartenausschnitte: © KOMPASS-Karten GmbH
Höhenprofile: wt-BuchTeam

Alle Angaben und Routenbeschreibungen wurden nach bestem Wissen gemäß unserer derzeitigen Informationslage gemacht. Die Wanderungen wurden sehr sorgfältig ausgewählt und beschrieben, Schwierigkeiten werden im Text kurz angegeben. Es können jedoch Änderungen an Wegen und im aktuellen Naturzustand eintreten. Wanderer und alle Kartenbenützer müssen darauf achten, dass aufgrund ständiger Veränderungen die Wegzustände bezüglich Begehbarkeit sich nicht mit den Angaben in der Karte decken müssen. Bei der großen Fülle des bearbeiteten Materials sind daher vereinzelte Fehler und Unstimmigkeiten nicht vermeidbar. Die Verwendung dieses Führers erfolgt ausschließlich auf eigenes Risiko und auf eigene Gefahr, somit eigenverantwortlich. Eine Haftung für etwaige Unfälle oder Schäden jeder Art wird daher nicht übernommen. Für Berichtigungen und Verbesserungsvorschläge ist die Redaktion stets dankbar.
Korrekturhinweise bitte an folgende Anschrift:

Walter Theil, Irmengardstraße 9, 84518 Garching/Alz (Deutschland)
Telefon 0049-(0)8634/68 98 03 · Fax 0049-(0)8634/68 98 04
E-mail: info@wt-buchteam.de · www.wt-buchteam.de
oder an
KOMPASS-Karten GmbH, Kaplanstraße 2, 6063 Rum/Innsbruck (Österreich)
Telefon 0043-(0)512/26 55 61-0 · Fax 0043-(0)512/26 55 61-8
E-mail: kompass@kompass.at · www.kompass.at

Vorwort

Gut erreichbar von den rheinischen Städten, aber auch von Belgien und den Niederlanden, präsentiert sich im Westen Deutschlands der Naturpark Nordeifel mit nahezu 2000 km² Fläche als ein Wanderland von ungewöhnlicher Vielfalt. Ausgedehnte Waldberge, viele Naturlandschaften, Flüsse und Talsperren sind schon seit langer Zeit von hohem Freizeitwert. Dies gilt erst recht, seit im Herzen des Naturparks der Nationalpark Eifel mit einer Fläche von rund 110 km² eingerichtet wurde. Er ist seit Anfang 2006 mit dem einstigen militärischen Sperrgebiet auf der Dreiborner Hochfläche, der ausgedehnten Anlage der »Burg« Vogelsang sowie dem weitflächigen ehemaligen Truppenübungsplatz der Öffentlichkeit zugänglich und wurde bereits zum Besuchermagnet. So bietet der Naturpark Nordeifel im Wortsinn für jeden etwas.

Dem Wanderer aber möge dieses Buch mit einer Auswahl zielgerichteter Touren zwischen Aachen und Bad Münstereifel, Düren und Prüm zu einem erlebnisreichen Tag und erholsamen Abstand vom Alltag verhelfen.

Hans Naumann

INHALT

Seite

Vorwort	3
Naturpark Nordeifel	6
Talsperren und Stauseen	7
Nationalpark Eifel – Wasser, Wald und Wildnis	8
Eifelsteig – Weg der Vielfalt	9
Wanderwege im Naturpark	10
Hinweise für Wanderer	10

Hürtgenwald/ Münsterwald/ Forst Monschau	**1**	Wehebachtalsperre – Meroder Wald – Schevenhütte	12
	2	Großhau – Hürtgenwald	14
	3	Hürtgen – Weiße Wehe	16
	4	Breinigerberg – in den Münsterwald	18
	5	Durch den Zweifaller Wald	20
	6	Roetgen: Rott und Mulartshütte	22
	7	Zwischen Aachen und Roetgen	24
	8	Jägerhaus – Hasselbach – Dreilägerbach	26
	9	Simonskall – Teufelsley – Mestrenger Mühle	28
	10	Kallbrück – Kalltalsperre – Ochsenkopf	30
Nationalpark Eifel u. Umgebung	**11**	Obermaubach – um das Staubecken	32
	12	Nideggen – Abenden – Brück	34
	13	Nideggen – Zerkall – Bergstein – Obermaubach	36
	14	Heimbach – Blens – Schmidt – Rurtalsperre Schwammenauel	40
	15	Um die Rurtalsperre Schwammenauel	44
	16	Heimbach – Mariawald – Staubecken	48
	17	Wolfgarten – Mariawald	50
	18	Kermeter – Urfttalsperre – Obersee – Hirschley	52
	19	Einruhr – Obersee – Urfttalsperre	54
	20	Vogelsang – Wollseifen	56
	21	Einruhr – Dreiborner Hochfläche	58
	22	Einruhr – Dedenborn – Weihrauchsberg	60
	23	Hirschrott – Erkensruhr – Langerscheid	62
	24	Grünenthal – Imgenbroich – Belgenbacher Mühle	64
	25	Monschau – Perlenbach – Rur	66
	26	Höfener Mühle – Fuhrtsbach u. Perlenbach	70

NORDEIFEL

			Seite
	27	Wahlerscheid – Rothe Kreuz – Fuhrtsbach	72
	28	Schleiden – Wildfreigehege	74
Kalkeifel/	29	Mechernich-Kommern – Satzvey – Burgfey	76
Ahreifel	30	Vussem – Kartstein – Römerkanal	78
	31	Bad Münstereifel – Effelsberger Weg – Forstlehrpfad	80
	32	Bad Münstereifel: Rund um Nöthen	82
	33	Effelsberg – Decke Tönnes – Michelsberg	84
	34	Nettersheim – Urft – Steinfeld – Marmagen	88
	35	Wildenburg – Reifferscheid	92
	36	Blankenheim – Ahrberge – Reetz – Mülheimer Bach	94
	37	Durch den Ripsdorfer Wald	96
	38	Ahrhütte – Dollendorf – Mirbach – Lampertstal – Schloßthal	98
	39	Dahlem – über die Heidenköpfe	102
	40	Um und durch Kronenburg	104
Hohe West-	41	Hollerath – Oleftal – Forst Schleiden	106
eifel/Schneifel	42	Hellenthal: Aufbereitung – Rescheid – Prethtal – Schwalenbach	108
	43	Weißer Stein – Zitterwald	110
	44	Zwischen Stadtkyll und Schönfeld	112
	45	Ormont – Mooshaus	114
	46	Über den Schwarzen Mann	116
	47	Bleialf – Alftal – Buchet	118
	48	Bleialf – Ihrental – Kopfberg	120
	49	Prüm – Tettenbusch – Münsterberg – Kalvarienberg	122
	50	Durch die Schönecker Schweiz	124

Stichwortverzeichnis   126

NATURPARK NORDEIFEL

Burg Vogelsang über der Urfttalsperre. Bild unten: Blankenheim, die Ahrquelle.

Naturpark Nordeifel

Im Sommer des Jahres 1960 wurde unter Bündelung vielseitiger Interessen der Naturpark Nordeifel gegründet und ins Vereinsregister eingetragen. Er umfasst nach den letzten Erweiterungen eine Fläche von 1978 km² und ist seit 1971 der deutsche Teil des grenzübergreifenden deutsch-belgischen Naturparks Hohes Venn-Eifel mit einer Gesamtfläche von 2700 km². Zum Naturpark Nordeifel gehören der weit überwiegende Teil der im Land Nordrhein-Westfalen gelegenen Eifel, ferner aus dem Land

Naturpark Nordeifel e.V.
Steinfelder Straße 8, 53947 Nettersheim
Tel. (02486) 911117, Fax (02486) 911116
E-mail: info@naturpark-eifel.de
www.naturpark-eifel.de

NATURPARK NORDEIFEL / TALSPERREN UND STAUSEEN

Rheinland-Pfalz die Verbandsgemeinde Obere Kyll und das Prümer Land. Geologisch zählt das Gebiet vor allem zum Rheinischen Schiefergebirge sowie zu jener Kalkeifel, die von der »Eifeler Meeresstraße« aus der Zeit des subtropischen Eifelmeeres (Flachmeeres) des Devon (vor 380–320 Mio Jahren) gebildet wurde.

Wald und Wasser sind geradezu »Elemente« des Naturparks. Von etwa 18 Stauseen und Talsperren der Eifel liegen allein 12 in seinem Areal, darunter die größte Talsperre Deutschlands mit über 202 Mio m³ Fassungsvermögen. Aus dem Naturpark und dem Hohen Venn kommen auch die meisten Eifelflüsse, so Perlenbach und Rur, Ahr, Urft, Erft, Kall, Kyll und Olef. Und nicht zuletzt bereichert der neue Nationalpark Eifel als integrativer Bestandteil den Naturpark Nordeifel mit Wildnis und weiten Laubwaldflächen als herausragend bevorzugtes Wanderland.

Nationalparkforstamt Eifel
Urftseestraße 34, 53937 Schleiden-Gemünd
Tel (02444) 9510-0, Fax (02444) 159251-15
E-mail: info@nationalpark-eifel.de
www.nationalpark-eifel.de

Nationalparktore mit Ausstellungen und Auskunft über Führungen sowie das mit dem Nationalpark eingerichtete System einer öffentlichen Verkehrsanbindung von allen Seiten und zu den interessantesten Zielen:
53937 Schleiden-Gemünd, Kurhausstraße 6
52152 Simmerath-Rurberg, Seeufer 3
52396 Heimbach, im Bahnhof

Talsperren und Stauseen

Name		Volumen	Baujahr	Technische Merkmale
Urfttalsperre bei Gemünd		45,5 Mio. m³	1900-05	Mauerhöhe 54 m, Schwergewichtsmauer
Dreilägerbach-Talsperre bei Roetgen		4,3 Mio. m³	1909-11	Mauerhöhe 33m, Schwergewichtsmauer
Perlenbach-Talsperre bei Monschau		0,8 Mio. m³	1953-55	Felsdamm mit Asphaltaußenhautdichtung
Oleftalsperre bei Hellenthal		20,0 Mio. m³	1954-59	Mauerhöhe 55 m, Pfeilerzellenstaumauer
Rurtalsperre Schwammenauel	1. Ausbau	100,7 Mio. m³	1934-38	Dammhöhe 56m, Dammlänge 350 m
	2. Ausbau	202,6 Mio. m³	1955-59	Erhöhung auf 72 m, Dammlänge ca. 500 m
Vorbecken Paulushof (Obersee)	1. Ausbau	1,7 Mio. m³	1934-37	Dammhöhe 14 m, Erddamm
	2. Ausbau	17,9 Mio. m³	1955-58	Dammhöhe 33 m, Erd- u. Felsdamm
Staubecken Heimbach		1,25 Mio. m³	1934-35	Mauerhöhe 12 m, Schwergewichtsmauer
Kalltalsperre bei Lammersdorf		2,1 Mio. m³	1934-35	Dammhöhe 34 m, Erddamm mit Betonkern
Kronenburger See		1,9 Mio. m³		
Staubecken Obermaubach		1,7 Mio. m³	1933-34	Dammhöhe 6,5 m, Erddamm mit Lehmdichtung
Wehebachtalsperre		25,1 Mio. m³	1977-81	Dammhöhe 49 m
Wirftstausee		0,02 Mio. m³		

NATIONALPARK EIFEL – WASSER, WALD UND WILDNIS

> **Eifel Tourismus GmbH**
> Kalvarienberg 1, 54595 Prüm. Tel. (06551) 9656-0 und -10, Fax (06551) 965696.
> E-mail: info@eifel-portal.de
> siehe auch ▶ Eifelverein (Seite 9)

Nationalpark Eifel – Wald, Wasser und Wildnis

Mit der Einrichtung des Nationalparks Eifel auf dem erst von den Nationalsozialisten, nach dem 2. Weltkrieg vom englischen und belgischen Militär genutzten und entsprechend gesperrt gewesenen Gebiet der Dreiborner Höhe um Burg Vogelsang ab Jahresanfang 2006 ist ein bezauberndes Stück Eifel für Besucher wieder zugänglich geworden. Zusammen mit weiter Umgebung um den Flusslauf der Rur zwischen den Städten Monschau und Nideggen steht dem Wanderer im Herzen des Naturparks Nordeifel seither auf einer Fläche von 11000 ha (entsprechend 17 000 Fußballfelder) eine Fülle neuer Wandermöglichkeiten zur Verfügung.

Vom atlantischen Klima beeinflusste Buchenwälder auf nährstoffarmen Böden wurden unter besonderen Schutz gestellt. Quellgebiete, feuchte Wiesen, viele Bäche, Talsperren und weite Wälder gehören dazu. Soweit noch Fichtenwälder bestehen, werden sie in den nächsten Jahrzehnten zugunsten eines naturnahen Bewuchses weichen müssen; denn der Nationalpark ist nach internationalen Richtlinien ein sog. »Ziel-Nationalpark«, in dem die Landschaft in den kommenden Jahrzehnten nach und nach sich selbst überlassen wird. Damit kehrt auch eine ursprüngliche Tierwelt in diese »Wildnis von Menschenhand« zurück, wie jetzt schon Biber, Schwarzstorch, Luchs und manche Kleinlebewesen.

Die Basilika in Prüm.

EIFELSTEIG – WEG DER VIELFALT

*Kronenburger See.
Vorsperre mit Fischtreppe.*

Eifelsteig – Weg der Vielfalt

Als neuer Weitwanderweg entsteht derzeit im Auftrag der Eifel Tourismus GmbH in Prüm der Eifelsteig von Trier nach Aachen, und zwar als Qualitätsweg nach entsprechenden Kriterien des Deutschen Wanderverbandes. Der Eifelsteig wird mitten durch die Eifel verlaufen und damit die Eifel als das vielgestaltigste Mittelgebirge Europas wandernd erfahrbar machen. Diesem Ziel dienen auch nach gleichen Kriterien ausgewählte Neben- und Randwege des Eifelsteigs, sog. Submarken. Zugangswege, etwa von Ortschaften oder zur öffentlichen Verkehrsanbindung, ergänzen das Angebot. An der Entwicklung des Eifelsteigs ist der Eifelverein maßgeblich beteiligt, gleichfalls eingebunden ist der Verein Naturpark Nordeifel.

Der Eifelsteig erreicht den Naturpark, von Süden kommend, in dem zur Gemeinde Blankenheim gehörenden Naturschutzgebiet Lampertstal (▶ siehe auch Wanderung 38); er verläuft über Blankenheim nach Schleiden, durch den Nationalpark Eifel nach Monschau, zuletzt durch Roetgen nach Aachen-Kornelimünster.

Eifelverein
Hauptgeschäftsstelle, Stürtzstr. 2-6,
52349 Düren
Tel. (02421) 13121, Fax (02421) 13764.
E-mail: post@eifelverein.de, www.eifelverein.de

Wanderwege im Naturpark

Durch den Naturpark Nordeifel führen mehrere Hauptwanderwege des Eifelvereins. Sie sind nummeriert, tragen Namen und gliedern sich in:

Belgenbacher Mühle.

WANDERWEGE IM NATURPARK / HINWEISE FÜR WANDERER

Römischer Aquädukt in Vussem.

Nord-Süd-Wege Markierung: schwarzer Keil ▶ oder ◀
Ost-West-Wege Markierung: schwarzer Winkel > oder < jeweils auf weißem Grund.
Die Hauptwanderwege und auch alle anderen Wanderwege, soweit sie markiert sind, werden mit ihren jeweiligen Kennzeichnungen bei den einzelnen Touren genannt.

Hinweise für Wanderer
Dieses Buch führt durch abwechslungsreiche, vielgestaltige Gebiete der Nord- und Westeifel, über Felsen und durch weite Wälder, ent-

☞ **Achtung:**
Im Nationalpark Eifel und seiner Umgebung können nach und nach die Wegemarken und auch die entsprechenden Wanderkarten geändert werden. Deshalb wird die Mitnahme der betreffenden Wanderkarte empfohlen!

lang der Flüsse und zu markanten Aussichtspunkten, von denen einige vom Naturpark formal als »Eifel-Blicke« qualifiziert sind. Etliche Museen und informative Ausstellungen, letztere vor allem an den sog. Nationalparktoren, vermitteln zusammen mit Kirchen und weltlichen Denkmalen zudem das Bild einer mit der Natur harmonierenden Kulturlandschaft, die – über das Gehen hinaus – der Entdeckung harrt und Heimatgeschichte vermittelt.
Die meisten Wanderungen sind Halbtagestouren von mittlerer Schwierigkeit, wie sie der Ausflügler sucht, der am Wochenende an die frische Luft will. Geboten werden aber auch kleinere Spazierwanderung, sowie anstrengende Tagestouren, stets zu nach dem Erlebniswert eigens ausgesuchten Sehenswürdigkeiten.

HINWEISE FÜR WANDERER

Dass es sich, wie bei jedem Wanderführer, nur um eine Auswahl der vermeintlich schönsten Touren handelt, sei lediglich am Rande vermerkt. Zur deutlichen Kennzeichnung sind die Wanderungen farblich numeriert.

▼ sind leichte Touren beziffert.

▼ sind Halbtagestouren von mittlerer Länge und Schwierigkeit beziffert, längere Touren nur dann, wenn sie keine großen Steigungen und Gefälle aufweisen.

▼ sind Tagestouren, aber auch andere Touren beziffert, wenn sie auf mehr als kurzen Strecken steil und anstrengend sind.

Die bei jeder Tour abgedruckten Höhenprofile weisen ergänzend auf Schwierigkeitsgrad sowie auf Merk- und Zielpunkte hin. Für alle Wanderungen werden hohe Wanderschuhe mit guten Profilsohlen empfohlen. Auch sollte stets Wegzehrung mitgenommen werden. Ist Rucksackverpflegung erforderlich, wird dies im Text gesagt. Die unter »Einkehr« genannten Gastronomiebetriebe sind nicht immer geöffnet; eine vorherige Erkundung bei den jeweiligen Informationsstellen ist ratsam.

Die Karten sind als KOMPASS-Karten mit Maßstab 1:50000 gezeichnet. Sie können aber für den Druck im Einzelfall etwas verkleinert oder vergrößert sein.

Hinweise, vor allem auf Änderungen von Markierungen sowie im Wegeverlauf, nehmen Redaktion, Verlag und Autor gerne entgegen; auf Seite 2 wird verwiesen.

Bei Monschau. Eifelsteig über der Perlenau.

NORDEIFEL

Wehebachtalsperre – Meroder Wald – Schevenhütte

Von der Talsperre zur Laufenburg

Ausgangspunkt: Großparkplatz an der Wehebachtalsperre.
Bus/Bahn: Busse von Aachen, Stolberg und Langerwehe, auch von den Bahnhöfen, jedoch nur bis Ortsmitte Schevenhütte.
Gehzeit: Etwa 4 Std. (15,5 km).
Charakter: Rundwanderung, überwiegend auf festen Wegen. Mehrfaches Auf und Ab, nach dem Aufstieg auf den Staudamm keine steilen Wege mehr.
Einkehr: Laufenburg und Schevenhütte.
Karte: KOMPASS Nr. 757, Aachen und das Dreiländereck. Eifelverein Nr. 1, Aachen/Eschweiler/Stolberg, oder Nr. 2, Rureifel.

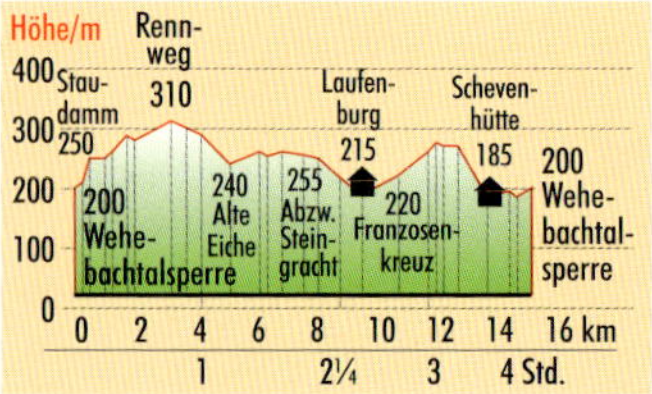

Wehebachtalsperre, jüngste Talsperre der Eifel, am 11. Mai 1983 ihrer Bestimmung übergeben. Der 49 m hohe Staudamm mit 428 m langer Dammkrone sperrt 25 Mio m³ Trink- und Brauchwasser für den Aachener Raum aus den Zuflüssen des Weißen und Roten Wehebaches sowie des Thönbaches.
Meroder Wald, benannt nach dem Ort und dem bereits im 12. Jh. erwähnten Schloss Merode. **Laufenburg** (14. Jh.) in der Gemeinde Langerwehe, einst eine Wehrburg der Herzöge von Limburg; besteigbarer Turm mit wunderbarem Landblick, Gaststätte.
Franzosenkreuz, errichtet für einen 1679 ermordeten französischen Offizier.
Schevenhütte, von 1209 bis zur napoleonischen Zeit im Besitz der Grafen von Jülich, bedeutender Ausflugsort im Stadtgebiet Stolberg.

Gemeindeverwaltung, Rathaus,
52379 Langerwehe
Tel. (02423) 4090
E-mail: gemeinde@langerwehe.de

Zu Schevenhütte: Stadt Stolberg,
Rathausstr. 11-13, 52222 Stolberg. Tel. (02402) 13499
E-mail: info@stolberg.de

Diese große Tageswanderung beginnt an der Parkplatzeinfahrt auf Weg 3: Den geteerten »Fußweg zum Staudamm« ansteigen; oberhalb der Gebäude links direkt hoch und oben über den **Staudamm der Wehebachtalsperre;**

HÜRTGENWALD / MÜNSTERWALD / FORST MONSCHAU

Laufenburg.

bergauf in den **Hürtgenwald,** oberhalb der Gebäude am **Burgberg** bald eine Rechtskurve, danach eine rechtwinklige Linkskurve und etwa 250 m abwärts. Von der dort erreichten Wegekreuzung rechts und ansteigen, bald mit Rechtskurve und noch 1 km zur Straße **Rennweg.**

Abwärts, über den Parkplatz »Rennweg« und vorsichtig entlang der L 25. Vor deren Linkskurve nach rechts und über den Parkplatz »Drei Eichen« in den Wald. Am ersten Knick nach links weiter. Vor der folgenden Fahrwegkurve nach rechts den geraden **Mannsweg** abwärts. Unten vor der Alten Eiche nach links und im **Meroder Wald** 1 km in gleicher Richtung ansteigen, am Ende durch die Rechtskurve zu einer Abzweigung (Marienweg). Hier links in den breiteren **Erbsweg.** Nach 1,2 km an einem Schilderstock links abbiegen auf Weg A 9, die **Laufenburger Steingracht** hinunter, unten vom großen Kastanienbaum rechts zur **Laufenburg.** Nun dem Zeichen ▶ folgen: Von der Burg zurück zur großen Kastanie und die Zufahrt abwärts; an der nächsten Abzweigung links und das **Rotenbruchtal** 1 km aufwärts bis kurz vor dem **Franzosenkreuz;** hier über den Bach und ansteigen; oben an der Fahrwegekreuzung links herum bergauf, über die Höhe zum Querweg. Nach rechts nun mit der Markierung > bis hinab nach **Schevenhütte,** »Am Wittberg«; »Hauptstraße« an der Bachseite ein wenig nach rechts, dann links »Zum Backofen«.

Nochmals links »Schevenhütter Mühle«, und vom Parkplatz »Am Feuerwehrhaus« auf Weg 4 talaufwärts: Fahrweg zum Schwanenteich, hinter dem Zaun, bald hoch durch den Hang und zur Straße »Lamersiefen«; diese abwärts, jedoch vor der Brücke über den **Wehebach** rechts auf breitem Weg durch den Waldhang bei **Helenasruhe** zurück zum Ausgangspunkt.

NORDEIFEL

2

Großhau – Hürtgenwald

Durch den Hochwald über der Wehebachtalsperre

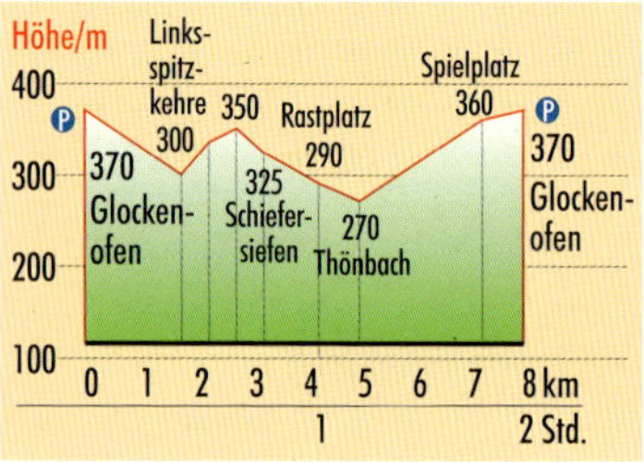

Ausgangspunkt: Hürtgenwald-Großhau, Wanderparkplatz Glockenofen. Zufahrt von der B 399 auf der »Frenkstraße« bis Ortsende.
Bus: Von Düren bis Kirche Großhau.
Gehzeit: 2 Std. (8 km).
Charakter: Leichte Wald-Rundwanderung, überwiegend auf festen Wegen.
Einkehr: Nicht unterwegs; nur in Großhau.
Karte: KOMPASS Nr. 757, Aachen und das Dreiländereck. Eifelverein Nr. 1, Aachen/Eschweiler/Stolberg, oder Nr. 2, Rureifel.

Eine ruhige Wanderung durch den ausgedehnten Hürtgenwald. Vom unteren Parkplatzende links den Fahrweg neben dem **Frenkbachtal** abwärts. Nach etwa einer Viertelstunde aus einer Linksspitzkehre vom Fahrweg rechts abbiegen, ein Seitengewässer überschreiten und links herum ansteigen. Oben auf dem Querweg im Laubwald nach rechts weiter steigen, nahezu gerade und stets in dieser Richtung bis zu einem breiten Querweg (Reitweg) am **Eichberg**. In diesen nach links und abwärts zu einem Waldfahrweg. Auch in diesen Fahrweg nach links und überwiegend leicht abwärts um den **Leyberg,** an dem einst Schiefer gebrochen

HÜRTGENWALD / MÜNSTERWALD / FORST MONSCHAU

Wandergruppe im Hürtgenwald.

HÜRTGENWALD

Weite Teile des Hürtgenwaldes waren einst fränkischer Königsforst (forestis) und gingen im 12. Jh. auf den Pfalzgrafen als Landsherrn über. 1209 belehnte Pfalzgraf Heinrich den Grafen von Jülich mit der Grafschaft Molbach (Maubach) und dem Nutzungsrecht des Waldes (ius nemoris).

Weltweit bekannt wurde der Name des Hürtgenwaldes durch die verlustreichen Kämpfe (1944–1945) und auch den Roman »Über den Fluss und in die Wälder« von Ernest Hemingway. Auf den Ehrenfriedhöfen der Gemeinde Hürtgenwald ruhen über 5000 gefallene Soldaten. An die Ereignisse erinnert zudem ein Museum im Ortsteil Vossenack (Pfarrer-Dickmann-Str. 21-23; Tel. (02429) 902613.

Rureifel-Tourismus-Zentrale,
Tel. (0700) 34335000
E-mail: info@rureifel-tourismus.de
Gemeinde Hürtgenwald, August-Scholl-Str. 5,
52393 Hürtgenwald-Kleinau
Tel. (02429) 3090, Fax (02429) 30970
E-mail: buergermeister@huertgenwald.de

wurde, bis nach etwa 1 km ein kleiner Rastplatz erreicht ist. Hier in den Weg nach rechts und hinunter ins **Thönbachtal.** Unten links bis 50 m vor die **Schutzzone der Wehebachtalsperre** (weißes Schild).

Dort scharf rechts einbiegen und über den Bach. Dahinter sofort wieder rechts und mit der Markierung ▶ talaufwärts: An einer Gabelung nach 750 m nach rechts und über ein Seitengewässer; an der nächsten Gabelung erneut rechts, über den **Thönbach** und nach links weiter aufwärts. Oberhalb der Spielwiese (Wegetreff) schräg nach links die Teerstraße benutzen, bald am Forsthaus vorbei und zurück zum Ausgangspunkt.

NORDEIFEL

3

Hürtgen – Weiße Wehe

Durch die Weheschlucht

Ausgangspunkt: Wanderparkplatz Brandenburger Tor. Westlich Hürtgen von der B 399 durch die Straße »Brandenburger Tor« bis vor den Wald fahren.
Gehzeit: 2½ Std. (8,5 km).
Charakter: Leichte Wald-Rundwanderung, überwiegend auf festen Wegen.
Einkehr: Nicht unterwegs.
Karte: KOMPASS Nr. 757, Aachen und das Dreiländereck. Eifelverein Nr. 1, Aachen/Eschweiler/Stolberg, oder Nr. 2, Rureifel.

Höhe/m — Brandenburger Tor 370 — Weiße Wehe 260 — Wehebrücke 315 — Drei Eichen 380 — Brandenburger Tor 370

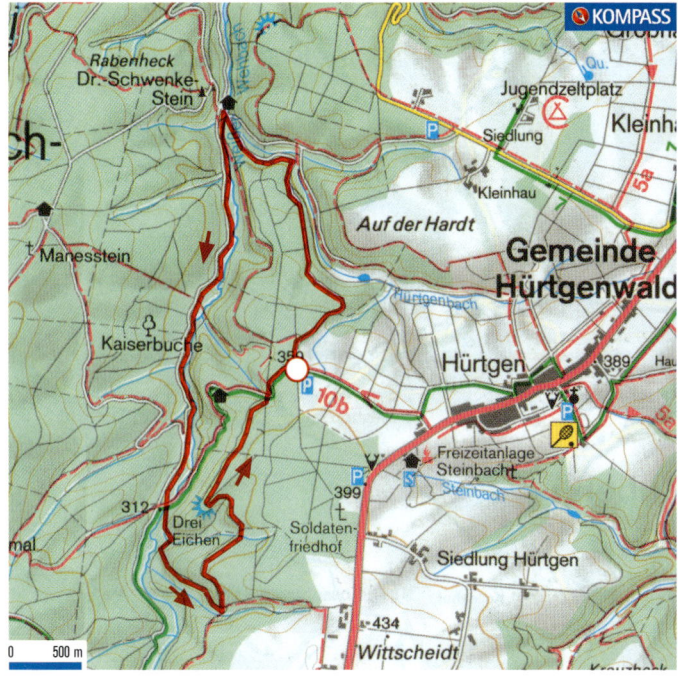

HÜRTGENWALD / MÜNSTERWALD / FORST MONSCHAU

»Eifelgold«, Ginsterblüte in der Nordeifel.

Auf Weg A 4 (beschildert »Weheschlucht«) durch Naturschutzgebiete und mit Blick in die Waldmoore um die Weiße Wehe.
Hinter dem **Brandenburger Tor** (Holztor) nach rechts 2 km abwärts, vom Feldrand in den **Hürtgenwald** und neben **Hürtgenbach,** tiefer **Asselbach** ins **Tal der Weißen Wehe.**
Jenseits der Brücke nach links und an dieser Bachseite 3 km talaufwärts, bis zu einer breiten Waldstraße. Mit dieser über die abgemauerte Brücke. Dahinter sofort rechts ansteigen, bald über ein Gewässer, von der folgenden Abzweigung links stärker bergauf.
An der erreichten Wegekreuzung nach scharf links weiter, mit Auf und Ab auch durch einen Birkenbestand, später im Wald zum **Aussichtsrastplatz Drei Eichen.** Nochmals ein wenig abwärts, danach flach bis zu einer Waldstraße. Auf dieser bergauf zurück zum Ausgangspunkt.

Weiße Wehe, bereits im 13. Jh. als »wye« erwähnt, stärkster Zufluss für die Wehebachtalsperre (s. Tour 1). In ihrem anmoorigen Tal begann 1981 die Wiederansiedlung des Bibers in der Eifel, der sich inzwischen stark vermehrt hat.
Hürtgen, das durch die Schlacht im Hürtgenwald 1944-1945 fast völlig zerstörte Dorf, ist heute ein ansehnlicher Höhenort. An der B 399 Richtung Vossenack liegt ein Ehrenfriedhof für 3000 gefallene deutsche Soldaten.
Hürtgenwald ▶ Tour 2.

NORDEIFEL

4

Breinigerberg – in den Münsterwald
Natur und Geschichte im Stolberger Wald

Ausgangspunkt: Wanderparkplatz Waldschänke (neben den Bushaltestellen »Waldschenke«), auf der Höhe der L 12 (Stolberg-Nachtigällchen – Breinigerberg). – Möglicher Einstieg auch vom Wanderparkplatz Roggenläger, an der L 24 (Breinig – Zweifall).
Bus/Bahn: Buslinien 42 und 61, von Gressenich, Breinig, Roetgen und Stolberg Hbf. (Aachen – Köln).
Gehzeit: Etwa 2 Std. (6,5 km).
Charakter: Lehrreiche Wald-Rundwanderung, die auch für Familien mit Kinder und leicht Gehbehinderte geeignet ist.

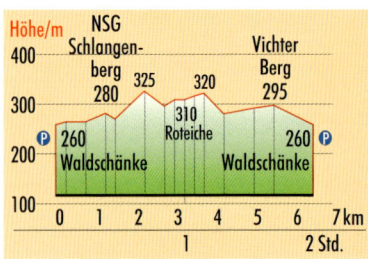

Einkehr: Nicht unterwegs.
Karte: KOMPASS 757, Aachen und das Dreiländereck. Eifelverein Nr. 1, Aachen/Eschweiler/Stolberg.

Eine Wanderung zum NSG Schlangenberg und über den Naturlehrpfad Roggenläger im zur Stadt Stolberg gehörenden Münsterwald.

Oberhalb des Parkplatzes auf Weg A 5 in den **Münsterwald.** An der ersten Abzweigung rechts halten, an der folgenden nochmals rechts, dann links abbiegen und geradeaus bis neben eine Schranke. Hier rechts in das **NSG Schlangenberg** einbiegen und auf dem linken Weg um den oberen Rand dieses Naturschutzgebietes. (Wer statt dessen rechts abbiegt, kann auch nach Karte über und

HÜRTGENWALD / MÜNSTERWALD / FORST MONSCHAU

Galmeiveilchen am Schlangenberg.

durch das Naturschutzgebiet wandern.)
Am Ende zwischen einem Teich und der **Rita-Hütte** im Wald aufwärts bis zu einer Abzweigung, kurz vor der Höhe **Hedchensknepp**. Hier nach rechts auf den **Naturlehrpfad** (A 1) wechseln: Abwärts; erst wo dieser Weg nach rechts abwärts kurven will, links abbiegen und ansteigen; an der Tafel »Europäische Lärche« rechts herum und zum Querweg an der **Roteiche** (rechts der Zugang vom Parkplatz Roggenläger!). An dieser Stelle links auf Weg A 2 abbiegen (von Roggenläger kommend also hier geradeaus) und zur Waldstraße; auf dieser nach links, auch durch die Linkskurve und bis zur Abzweigung vor dem stärkeren Anstieg. Rechts in Weg A 3 einbiegen: An der vogelkundlichen Einrichtung vorbei und stets auf diesem Fahrweg bleiben; erst vor einer Bank

SCHLANGENBERG

In diesem Naturschutzgebiet wurde spätestens seit der Römerzeit Galmei abgebaut, ein Erz, das überwiegend aus Zinkspat besteht, einst für die Herstellung von Messing (Weißkupfer) unerlässlich war und den Ruf Stolbergs als Stadt der Kupfermeister mit begründete. Auf den mit Zink, Blei und Cadmium belasteten Böden gedeiht nur eine speziell angepasste Flora, so Grasnelke, Taubenkropf und – vor allem berühmt – das bezaubernde Galmeiveilchen.

Alte Schule Stolberg-Breinigerberg, Nr. 95 (nur sonntags 14–17 Uhr).
www.eifel-heimatverein-breinig.de
Zum Münsterwald ▶ s. Tour 7.

und Tafel »Hiebsreife« nach rechts und nun diesen Weg beibehalten bis zur Waldstraße an der Ferngasschneise. Auf dieser Straße rechts über den **Vichter Berg** und zurück zum Ausgangspunkt.

Naturschutzgebiet Schlangenberg.

NORDEIFEL

5

Durch den Zweifaller Wald

Waldlehrpfad und Naturschutzgebiete

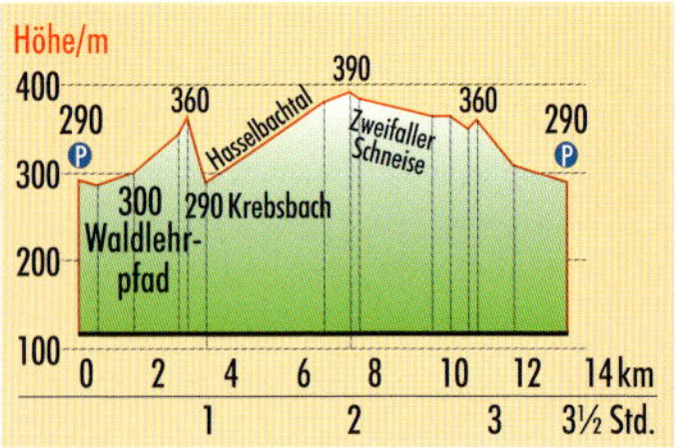

Ausgangspunkt: Wanderparkplatz vor dem Restaurant Solchbachtal. Zufahrt von der Jägerhausstraße (L 24 südlich Stolberg-Zweifall) gegenüber dem Sägewerk über die Bachbrücke.
Bus: Von Eschweiler und Stolberg bis Endhaltestelle an der L 24.
Gehzeit: 3½ Std. (13,5 km).
Charakter: Weitläufige Wald-Rundwanderung, zumeist auf festen Wegen und nicht steil. Sehr interessanter Waldlehrpfad und herrlicher Hochwald.
Einkehr: Nur am Ausgangspunkt; Rucksackwanderung.
Karte: KOMPASS Nr. 757, Aachen und das Dreiländereck. Eifelverein Nr. 1, Aachen/Eschweiler/Stolberg.

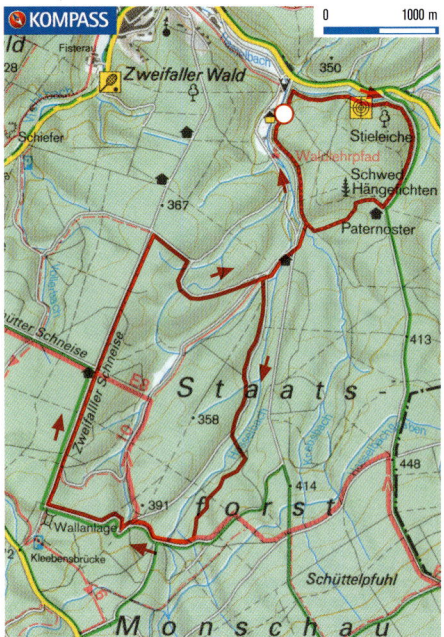

Vom Ausgangspunkt muss zunächst auf der Zufahrtstraße zur Landstraße (Bushaltestelle) marschiert werden.
Dort rechts über den Parkplatz, rechts den **Gieschetbach** überbrücken, und vor dem **Forsthaus Zweifall** links auf den **Waldlehrpfad**: Erst Weg Nr. 10 zum Wanderparkplatz Kirchhardt, dann rechts leicht steigend um den **Paternosterberg**; an der Paternosterhütte scharf nach rechts, auf und ab, Weg A 4 ins **Krebsbachtal**. Noch etwas talwärts, dann den Krebsbach überbrücken und für lange Zeit auf

HÜRTGENWALD / MÜNSTERWALD / FORST MONSCHAU

Im Zweifaller Wald.

Weg 8: Talaufwärts, an der **Schutzhütte Am Haferstück** rechts abbiegen, an der nächsten Gabelung links und dem **Hasselbach** entgegen; nach 1,5 km zur anderen Talseite; auf dem querenden Wanderweg der Deutschen Einheit (>) rechts über den Bachgrund, wo aber nach 200 Meter dieser Hauptwanderweg spitzwinkelig abbiegt, weiter auf Weg 8 geradeaus; nach 500 m (alte Wallanlage) rechts in die lang-gerade **Zweifaller Schneise**, 800 m weiter über eine Kreuzung und noch 1,2 km geradeaus.

Erst wo links Weg A 1 abzweigt, verlassen wir Weg 8 und wenden uns auf den Kiesweg nach rechts. An der folgenden Abzweigung erneut rechts, zuletzt ins **Solchbachtal** und zu der vom Hinweg bekannten Schutzhütte Am Haferstück. Links, an der Gabelung nochmals links, über den Solchbach, und im Hasselbachtal zurück zum Ausgangspunkt.

ZWEIFALLER WALD

Von besonderer Bedeutung in diesem Naturschutzgebiet ist der Waldlehrpfad Zweifall, der älteste Deutschlands, insgesamt 4,3 km lang, stets frei zugänglich. Dargestellt werden die heimische Pflanzen- und Vogelwelt, aber auch die einstige Köhlerei, die zusammen mit dem Heinrich-Stollen an die Zeit der Eisenhämmer im Vichttal erinnert. – Weltweites Aufsehen erregte der Fund von Vorläufern der Fischschuppen (sog. »Panzerfisch«, Devon, vor 400 Mio Jahren).

Am Forsthaus Zweifall können Wildspezialitäten erworben werden. Daneben ein Museumssägewerk mit alten Maschinen, die noch heute einen Fichtenstamm zersägen können.

Stadt Stolberg, Rathausstr. 11-13, 52222 Stolberg
Tel. (02402) 13499; E-mail: info@stolberg.de

NORDEIFEL

Roetgen: Rott und Mulartshütte

Zum Struffelt und zum Friedenskreuz

Ausgangspunkt: Wanderparkplatz Kleebend, neben der Hahner Straße (L 12) zwischen Mulartshütte und Lammersdorf. Zufahrt: Von Lammersdorf kommend in der ersten Talsenke rechts abbiegen, von Mulartshütte kommend in der zweiten Talsenke nach links.
Gehzeit: 3–3½ Std. (12,5 km).
Charakter: Rundwanderung, weitläufig mit Auf und Ab und in ein Heidegebiet. Steintreppen zum Friedenskreuz, sonst keine steilen Wege.
Einkehr: Nur in Mulartshütte.

Karte: KOMPASS Nr. 757, Aachen und das Dreiländereck. Eifelverein Nr. 3, Monschauer Land-Rurseengebiet.

Die Wanderung kann als besonders schöne Waldpartie empfohlen werden.
Am Ende des Parkplatzes **Kleebend,** hinter Tafel und Schranke, nach rechts der Markierung ▶ folgen, gerade waldaufwärts bis vor die Brücke über den **Hasselbachgraben.** Auf dem unteren Grabenrand nach rechts dem Wasser folgen, auch über die **Hahner Straße** hinweg und bis zum **Pegel** an der (gesperrten) K 24. Auf dieser Straße nach rechts, aber schon hinter dem Holzlagerplatz aus der Linkskurve wieder rechts abbiegen und im **Rotter Wald** auf dem **Grenzweg** ansteigen, gerade aufwärts bis zum höchsten Punkt am **NSG Struffelt.** Dort nach rechts die Forststraße **Bunkerschneise** hinab; von der nächsten Wegekreuzung geradeaus.
Von der folgenden links die Waldstraße **Im Dicken Bruch** hinab, bald neben einer Bachschlucht zur »Lammersdorfer Straße« am Ortsrand von **Rott.**

HÜRTGENWALD / MÜNSTERWALD / FORST MONSCHAU

Roetgen; Aufstieg zum Friedenskreuz.

Jenseits dieser Straße am linken Rand des Wanderparkplatzes **Dicker Bruch,** neben dem Hausgrundstück, auf dem **Kreuzweg** ins **Lensbachtal.** Den Bach überbrücken und **Am Grundbett** talwärts, 1,2 km an dieser rechten Bachseite. Wenig unterhalb einer eingefaßten Quelle (***Achtung!***) rechts auf die Trittstufen, und durch die Einfriedung (IN CRUCE SALUS) den Stationenweg hoch zum **Friedenskreuz** auf dem **Giersberg** (Kapelle, Rastbänke). Hinter der oberen Einfriedung in den Querweg nach links und den Hohlweg hinab. Vor den Hausgrundstücken nach rechts den Teerweg wieder ansteigen, oben verlängert als Feldweg, und in **Mulartshütte** die »Kulfstraße« hinab, unten auf der Hahner Straße links zur L 238. Auf dieser rechts, Richtung Stolberg orientieren, und nun nur noch dem Zeichen ▶ folgen: Von der Landstraße rechts die »Schnacke Buschstraße« hinauf, am Denkmal nach rechts; im Wald 20 Minuten auf der geraden **Mulartshütter Schneise,** dann an der großen Kreuzung in den Waldfahrweg nach rechts; unten, vor dem Lensbach, nach links und stets sein Tal aufwärts, auch oberhalb einer Hütte, an einer Wegabzweigung um die Rechtskurve und bis zum Ausgangspunkt.

Roetgen, große Streusiedlung und Gemeinde am Hohen Venn, entstand als Rodungssiedlung im Gebiet einer einstigen Kupferstraße.
Struffelt Heide, ein 1989 unter Schutz gestelltes Moor- und Heidegebiet (56 ha).
Mulartshütte im Vichttal, 1504 als Eisenhütte erstmals erwähnt. Die Erze wurden in Gängen und Verwitterungsbildungen aus der Devonzeit (vor 410–360 Mio Jahren) gewonnen.
Rott, 1503 zuerst erwähnt, lieferte früher vor allem Holzkohle aus Meilern für die Eisenindustrie im Vichttal.
Roetgen-Touristik, Mühlenstr. 2,
52159 Roetgen. Tel. (02471) 4633.
E-mail: info@roetgen-touristik.de
www.roetgen.de

NORDEIFEL

Zwischen Aachen und Roetgen

Durch den Münsterwald zum Filterwerk

Ausgangspunkt: Aachen-Relais Königsberg, an der B 258 südlich Walheim. Bushaltestellen. Wanderparkplatz gegenüber dem Hotel; Einfahrt von der Straße Rotterdell.
Bus: Von Aachen, Roetgen, Monschau und Simmerath.
Gehzeit: Etwa 3½ Std. (11,5 km).
Charakter: Rundwanderung, überwiegend auf festen Wegen und durch Wald. Filterwerk und Wasserlehrpfad der Dreilägerbachtalsperre sind auch für Kinder ein interessanter Zielpunkt.
Einkehr: Nur in Relais Königsberg, also

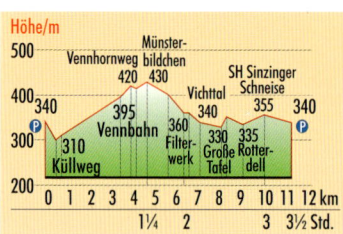

nicht unterwegs. Wegzehrung mitnehmen.
Karte: KOMPASS Nr. 757, Aachen und das Dreiländereck. Eifelverein Nr. 3, Monschauer Land-Rurseengebiet.

MÜNSTERWALD

Kaiser Ludwig der Fromme schenkte 814 n. Chr. dem Abt Benedikt von Aniane aus seinem Königsgut das schon von Kelten und Römern besiedelte Gebiet Inda. Die 817 geweihte Erlöserkirche wurde 881 von Normannen zerstört. Der Neubau mit den Reliquien des heiligen Papstes Cornelius gab dem Kloster den Namen Kornelimünster. 980 Jahre lang Reichsabtei; das Münsterländchen – darin der Münsterwald – war der weltliche Bereich. Er wurde nach den Befreiungskriegen gegen Napoleon den umliegenden Gemeinden zugeteilt. Die Bezeichnung »Vennhorn« stammt von den auf alten Grenzsteinen eingemeißelten Hoheitszeichen, dem Horn des heiligen Cornelius (Cornelyhorn).

Roetgen ▶ Tour 6.
Dreilägerbach ▶ Tour 8.

Monschau-Touristik, Stadtstraße 16,
52156 Monschau.
Tel. (02472) 80480, Fax (02402) 4534.
E-mail: touristik@monschau.de
www.monschau.de

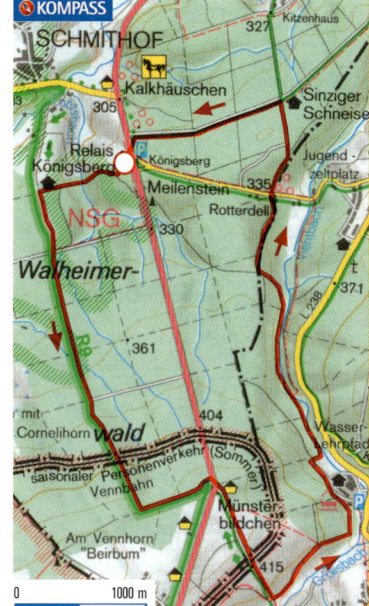

HÜRTGENWALD / MÜNSTERWALD / FORST MONSCHAU

Roetgen; Dreilägerbachtalsperre.

Eine Waldwanderung rund um die »Himmelsleiter«, wie die B 258 wegen ihres stufenweisen Eifelaufstiegs hier genannt wird.
Oberhalb des Hotels **Relais Königsberg** geht es über den Privatparkplatz auf Weg A 5 in den **Münsterwald,** abwärts, über den **Fobisbach** (NSG) und hinauf zur **Schutzhütte Küllweg.** Links diesen Waldfahrweg nun etwa 3 km ansteigen, auch durch das **NSG Prälatensief** und über die (auf ihrer ganzen Länge belgische) **Vennbahn.** Oben auf dem querenden **Vennhornweg** nach links zur **Himmelsleiter** (B 258), die nach schräg oben vorsichtig (!) überquert wird.
Links auf der Straße »Stockläger« an den Gebäuden **Münsterbildchen** vorbei und abwärts, auch noch über die Vennbahn und bis zur Abzweigung vor der schon sichtbaren Brücke über den Grölisbach. Dort nach links in die »Mayvennchensgasse« und dem **Nordwanderweg** (nw) folgen, bald durch den Wald und bis oberhalb der Gebäude des **Filterwerks der Dreilägerbachtalsperre.**
Ein Abstecher führt hinab zum **Wasserlehrpfad;** die Wanderung setzt sich indes oberhalb der Gebäude nach links fort, den Filteranlagen entlang, am Zaunende abwärts auf den Pfad am Ufer der **Vicht**. An dieser Bachseite zunächst bleiben, erst an der großen Tafel des Wasserwerks bergauf, und oben rechts nach Rotterdell. Die Straße nur überschreiten und ansteigen, an der nächsten Abzweigung links aufwärts zur Wegekreuzung an der **Schutzhütte Sinziger Schneise**. Hier nach links auf dem Waldfahrweg bis 40 m vor die B 258. Dort links auf einem Pfad zum Parkplatz und Ausgangspunkt.

NORDEIFEL

8

Jägerhaus – Hasselbach – Dreilägerbach
Durch den Staatsforst Monschau

Ausgangspunkt: Wanderparkplatz Jägerhaus, an der höchsten Stelle der B 399 zwischen Vossenack und Lammersdorf.
Gehzeit: Etwa 4 Std. (15,5 km).
Charakter: Große Wald-Rundwanderung auf Forstfahrwegen und verwunschenen Pfaden. Keine steilen Wege.
Einkehr: Nicht unterwegs; Rucksacktour.
Karte: KOMPASS Nr. 757, Aachen und das Dreiländereck. Eifelverein Nr. 3, Monschauer Land-Rurseengebiet, oder Nr. 50, Nationalpark Eifel.

Eine Wanderung durch das Wassereinzugsgebiet der Dreilägerbachtalsperre.

Vom Waldrand dem Zeichen > folgen: Kurz auf-, dann abwärts, etwa 2 km stets in gleicher Richtung bis zu einer Kreuzung; dort nach links; nach etwa 1,2 km eine Waldstraße überschreiten, 140 m weiter aber

DREILÄGERBACHTALSPERRE

Die 1911 fertiggestellte Talsperre kann 4,3 Mio m³ Trinkwasser speichern und wird aus einem Zuflussverbund von 45 km Länge gespeist. Neben dem im Wollerscheider Venn entspringenden Dreilägerbach erhält sie ihr Wasser durch den Kallstollen (6,2 km) aus der Kalltalsperre, die gefüllt wird aus Kallbach und Keltzerbach sowie mittels Rurüberleitung vom Pumpwerk Rurberg am Obersee aus Rur, Urft und Olef. Wasser liefern ferner die künstlich aufgeworfenen Hanggräben, der Schleebachgraben (3,2 km) und der Hasselbachgraben (7,9 km).
Roetgen siehe Tour 6. Auskunft auch am Filterwerk.
Monschau-Touristik ▶ Tour 7.

HÜRTGENWALD / MÜNSTERWALD / FORST MONSCHAU

Wanderpfad am Hasselbachgraben.

(Achtung!) rechts den unbefestigten Weg hinab, bis der **Hasselbachgraben** überschritten ist. Nun folgen wir dem unteren, aufgeschütteten Grabenrand in Fließrichtung, später auch über das **Hasselbachstauwehr** (Pegelmessstand), danach über Querwege und auch über die **Hahner Straße** (L 12), bis zum Pegel an der (für Kfz. gesperrten) K 24.
Links über diese Straße, dann rechts den Weg abwärts, über den **Kallstollenauslauf** zum **Vorbecken,** das den **Dreilägerbach** auffängt. Hinter dem Überlaufwehr noch um die Linkskurve, dann rechts bergauf bis zum **Schleebachgraben.** Auf dem unteren Grabenrand mit dem Wasserlauf (also nach links) zum Dreilägerbach; hinter dessen Brücke nach rechts und ansteigen. Anschließend dem Zeichen ▶ folgen: Über dem Dreilägerbach talaufwärts; auf dem **H.-Talkenberg-Steg** über ein Nebengewässer, dahinter vom Dreilägerbach abweichend ansteigen, bald unter einer Stromleitungsstrecke hindurch; am nächsten Fahrwegetreff den **Hüttenweg** hinauf.

Oben nach links **Roter Weg** hinauf zur Hahner Straße. Diese 50 Meter abwärts, dann rechts abbiegen und (Schranke) bis zur nächsten Wegekreuzung ansteigen. Dort links abwärts, am Querweg in bisheriger Richtung in eine Schlängelkurve – hinter der zur Rechten der **Entlüftungsschacht des Kallstollens** namens **Finkenbuer** sichtbar wird – und weiter (ohne links abzubiegen) zu einer Waldstraße. Auf dieser nach rechts für ungefähr 2,8 Kilometer, später ansteigend und über die **Quellgänge des Hasselbaches** bis zum Hinweg. Rechts am Waldrand hoch und zurück zum Ausgangspunkt.

NORDEIFEL

Simonskall – Teufelsley – Mestrenger Mühle
Um und durch das Kalltal

Ausgangspunkt: Öffentlicher Parkplatz in Simonskall.
Gehzeit: Etwa 3 Std. (8 km).
Charakter: Rundwanderung, anfangs auch mit starken und steilen Anstiegen. Bei feuchtem Wetter sind Bergschuhe von Vorteil. Schöne Landblicke.
Einkehr: Mestrenger Mühle und Simonskall.
Karte: KOMPASS Nr. 757, Aachen und das Dreiländereck. Eifelverein Nr. 2, Rureifel, oder Nr. 3, Monschauer Land-Rurseengebiet, oder Nr. 50, Nationalpark Eifel.

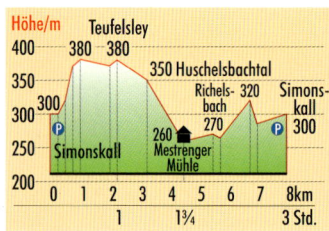

Eine Wanderung abseits der Spazierwege, und doch teils auf historischen Pfaden.

Vom Parkplatz gehen wir nach links, über die abknickende Vorfahrt bis vor das »Haus des Gastes«. Dort nach links über die **Kall** auf Weg 3: Bald ansteigen; von einer Abzweigung im Wald links durch das **Senkersbachtal** zu einem breiteren Querweg. Diesen nur überqueren und den Zeichen < und 7 folgen: Direkt den steilen Bergpfad hinauf; auch über den nächsten Querweg hinweg und den Waldweg ansteigen. Aber Obacht geben: Schon 50 Schritte oberhalb eines von links hinzustoßenden Weges nach links in den nicht markierten Waldweg wechseln, der sogleich einen schneisenartigen Waldeinschnitt durchquert; der Weg verlängert sich in gleicher Richtung durch den steilen Waldhang, steigt später etwas an zum Felsen **Teufelsley** (Aussicht, Bank), und senkt sich zuletzt ins **Huschelsbachtal.**

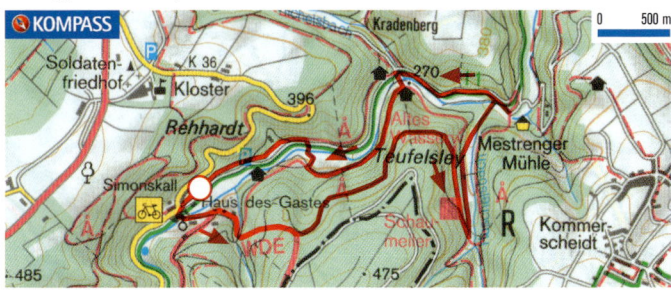

HÜRTGENWALD / MÜNSTERWALD / FORST MONSCHAU

Wandergruppe.

Nach links den Fahrweg talwärts, auch an einem **Schaumeiler** (Informationstafeln) vorbei. Etwa 120 Meter weiter abwärts (Achtung!) scharf rechts in einen leicht übersehbaren Pfad wechseln, talabwärts ins **Kalltal** und die Kall überbrücken.

Dahinter führt Weg 3 nach rechts neben dem Mühlgraben zur **Mestrenger Mühle** (Abstecher); die Wanderung setzt sich indes auf diesem Weg 3 nach links, also talaufwärts fort: Erst ansteigen; am **Richelsbach** (Radwegeschilder) links abwärts zur anderen Talseite, und von der pilzförmigen Hütte rechts aufwärts. Nach 1 km rechts (nicht markiert) abbiegen, im Tal erneut über die Kall und mit der Fahrstraße zurück nach **Simonskall,** zum Ausgangspunkt.

SIMONSKALL

Um 1620 erwarb der Reidmeister (= Hüttenmeister) Simon Cremer im Kalltal das Gebäude einer Seifensiederei und wandelte es in eine Eisenhütte um. Er wurde Namensgeber des Ortes, der heute als bedeutender Fremdenverkehrsort zur Gemeinde Hürtgenwald gehört.

Cremer war Hugenotte (= »Eidgenosse«). Diese französischen Protestanten wurden verfolgt. Allein nach den Verboten des »Sonnenkönigs« Ludwig XIV. flohen ab Oktober 1685 etwa 200 000 in protestantische Länder, nicht zuletzt nach Preußen. In der Nordeifel gewannen sie durch ihre Fertigkeiten, vor allem in der handwerklichen Eisenverarbeitung, Einfluss und Wohlstand.

Teufelsley heißt ein 300 Mio Jahre alter, in der Eifel als Gesteinformation einmaliger Felssattel.

Rureifel-Tourismus-Zentrale und Gemeinde Hürtgenwald ▶ Tour 2.

NORDEIFEL

Kallbrück – Kalltalsperre – Ochsenkopf
Durch Simmerather und Vossenacker Wald

Ausgangspunkt: Wanderparkplatz Kallbrück, im Kalltal neben der L 160 (Vossenack – Rollesbroich).
Die Wanderung kann auch am Wanderparkplatz Jägerhaus angetreten werden, über die B 399 zum Forsthaus und abwärts; in der Karte »WDE«.
Gehzeit: Etwa 4 Std. (15,5 km).
Charakter: Rundwanderung, überwiegend auf festen Waldwegen, mit nur zwei kurzen Steilstrecken. Ruhige, insgesamt unschwere Wanderung.
Einkehr: Nicht unterwegs; Rucksackwanderung.

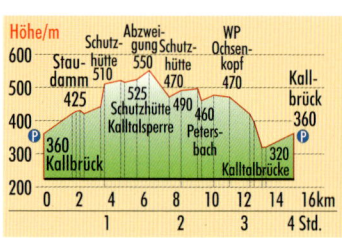

Karte: KOMPASS Nr. 757, Aachen und das Dreiländereck. Eifelverein Nr. 3, Monschauer Land-Rurseengebiet, oder Nr. 50, Nationalpark Eifel.

Eine Wanderung im Kalltal und über die Waldberge.
Vom Ausgangspunkt (Weg > und A 3) das **Kalltal** aufwärts; ab **Kaiserfelsen** rechts, über den **Staudamm** der **Kalltalsperre,** und links noch etwa 150 m ansteigen. Links auf Weg 4 wechseln, der Talsperre entlang, bis der **Saarscher Bach** überquert ist. Rechts in Weg 1 abbiegen, neben dem **Kelzerbach,** der zur

HÜRTGENWALD / MÜNSTERWALD / FORST MONSCHAU

Kalltalsperre.

Linken bleibt, talaufwärts; später rechts kräftig bergauf zu einer Schutzhütte im **Simmerather Wald.** Nach rechts die Waldstraße durchgehen bis zu ihrem Ende an der Schutzhütte Kalltalsperre.

Die Waldstraße etwa 400 m bergauf, dann in den Fahrweg zur Rechten einbiegen, der ganz abgewandert wird. Am Ende auf der von links hinzustoßenden Waldstraße nach rechts, aber 150 m vor dem Waldaustritt (vor dem Tor) nach rechts auf Weg 8: Im **Vossenacker Wald** erst ins obere **Peterbachtal,** dann bis vor die Feldflur steigen; am Zaun etwas aufwärts und wieder rechts durch den Wald; vom **Soldatengrab** zur L 160 und gegenüber durch den Parkplatz **Ochsenkopf.** Dahinter noch 10 Min. um den steilen Waldhang, dann rechts auf dem **Historischen Wanderweg** (Symbol am Baum) hinab ins Kalltal. Unten auf der Kreisstraße 100 m nach rechts, dann die Kall überbrücken und von **Klafterbachtal** und Schutzhütte rechts der Markierung > folgen, auch über den **Tiefenbach,** zuletzt mit der L 160 über die Kall zum Ausgangspunkt.

KALLTALSPERRE

Die 1935 fertiggestellte Talsperre (2,1 Mio m³) gehört zum System der Trinkwasserversorgung des Raumes Aachen – Stolberg. 34 m hoher Erddamm mit Betonkern, mit Rurwasserversorgung durch den Heinrich-Geis-Stollen (3,7 km) und Abflussstollen zur Dreilägertalsperre (6,2 km) und ihrem Filterwerk.

Der Fluss Kall entquillt dem Hohen Venn und mündet bei Zerkall in die Rur. Seine Bedeutung als Wasserantrieb für Eisenwerke – etwa in der Hugenottensiedlung Simonskall – und für Mühlen hat er verloren. Der nicht gedeutete Name ist vielleicht gleichen Ursprungs wie »Quelle«.

Rureifel-Tourismus-Zentrale ▶ Tour 2.
Monschau-Touristik ▶ Tour 7.

NORDEIFEL

Obermaubach – um das Staubecken
Beschilderter Rundweg »Stausee«

Ausgangspunkt: Parkplätze an der Ortsseite, oder Bahnhof.
Bus/Bahn: Rurtalbahn Düren – Heimbach; in Düren Anschlüsse nach Aachen, Köln und Jülich – Linnich.
Gehzeit: 2 Std. (6,5 km).
Charakter: Rundwanderung, an der Ostseite leicht zu begehen, an der Westseite auch steile Bergpfade und Treppen. Rutschfeste Schuhe anziehen!
Einkehr: Obermaubach, auch an der Bahnhofsseite.

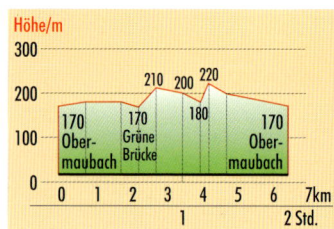

Karte: KOMPASS Nr. 757, Aachen und das Dreiländereck. Eifelverein Nr. 2, Rureifel.

Eine teils anheimelnde, teils urige See-Umrundung.

Sie beginnt aus dem Ort **Obermaubach** über den **Staudamm**

NATIONALPARK EIFEL UND UMGEBUNG

Am Stausee Obermaubach.

auf Weg 3 und »Ku«: An der Ostseite rechts vor dem Bahnhof vorbei, wenig dahinter links, vom Rur-Ufer-Radweg abweichend den **Waldlehrpfad** ansteigen; unterhalb des Waldkinderspielplatzes geradeaus; dem oberen Feldrand entlang, an einer Gabelung rechts; zuletzt ein paar Schritte in den Wald, dann rechts abwärts in die **Rurauen.**

Im Tal rechts, dann links über die Bahn, und auf der **Grünen Brücke** über die **Rur.** Dahinter rechts in den Hangpfad, bald auf Stufen bergauf.

Oben weiter auf Weg »K«: Nach rechts; 10 Min. später in den Pfad nach rechts und abwärts; in eine Seitenschlucht ansteigen, weiter oben auf ihre andere Seite, und auf einem Weg bald hinab nach Obermaubach. Mit der Markierung ◄ durch »Bergsteiner Straße« und »Seestraße« zurück zum Ausgangspunkt.

STAUBECKEN OBERMAUBACH

Der Ortsname stammt von der einstigen Grafschaft »Molbach«. Das zur Gemeinde Kreuzau gehörende Gebiet ist ein Fremdenverkehrsmagnet und Freizeitparadies, vor allem durch das Gebrauchswasser-Ausgleichsbecken (1,7 Mio m³), das neben der Industrie dem Bootssport dient. Das Staubecken ist zugleich ein Eldorado für viele Wasservögel. Die Waldberge ringsum mit ihren Buntsandsteinfelsen, dazu an der Ostseite des Sees ein urwaldartiger Baumbewuchs, bilden eine romantisch-attraktive Kulisse für den Wanderer.

Rureifel-Tourismus-Zentrale ▶ Tour 2.

NORDEIFEL

Nideggen – Abenden – Brück

Felsenwelt und Rurtal um Nideggen

Ausgangspunkt: Nideggen, am Zülpicher Tor.
Bus/Bahn: Bus von Düren und Heimbach. Rurtalbahn Düren – Heimbach; nahe an der Wanderstrecke die Bahnhöfe Nideggen-Brück und Zerkall.
Gehzeit: Etwa 4 Std. (12 km).
Charakter: Bergige Rundwanderung, auch mit steilen und gedehnten An- und Abstiegen. Wunderbare Landblicke, aus dem Rurtal auf die Burg Nideggen und vom Jungholz über das Tal. Fotomotive. Bergschuhe anziehen!
Einkehr: In Abenden, Hetzinger Hof, Brück

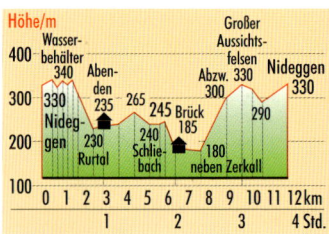

und Nideggen.
Karte: KOMPASS Nr. 757, Aachen und das Dreiländereck. Eifelverein Nr. 2, Rureifel, oder Nr. 50, Nationalpark Eifel.

Stadt Nideggen

Der viel besuchte Zentralort auf mächtigen Buntsandsteinfelsen besticht durch seinen historischen Ortskern. Gewaltige Burganlage, erbaut ab 1177, mit Bergfried Jenseitsturm, dessen Verlies nur durch das Angstloch zugänglich war; sie war 300 Jahre der Stammsitz der Grafen und Herzöge von Jülich. Die Pfarrkirche ist eine Emporenkirche aus dem 13. Jh. mit kriegsbedingt weitgehend zerstörten gotischen Wandmalereien. Im Bergfried das Burgenmuseum der Eifel.
Der Stadtteil Brück im Rurtal bietet den Bahnhof der Rurtalbahn sowie eine Biologische Station im alten Bahnhofsgebäude.

Stadtverwaltung, Zülpicher Straße 1, 52385 Nideggen (02427) 8090; Fax (02427) 80947.

Vom Zülpicher Tor der Markierung ▶ folgen: Die Straße aufwärts, auf dem Randweg der »Abendener Straße« rechts über

Burg Nideggen auf hohem Fels.

den höchsten Punkt und abwärts; rechts »Im Kühlenbusch« einbiegen, ansteigen bis zum Wasserbehälter, dann bergab; vor dem Privatweg nach rechts und auf einen Waldpfad; sobald Weg 10 nach rechts abzweigt, geradeaus wieder ansteigen und im **Naturschutzgebiet Kühlenbusch** um den Felsenkranz; später (Achtung!) von einer Felswand rechts den steilen Bergsteig in Kehren hinab ins **Rurtal;** links auf der Straße »Berrefelder Weg« nach **Abenden;** in der Ortsmitte rechts »Palanderstraße«, am Ende über die Rur und auch über die Bahn.

Nach rechts durch den »Commweg«, in der Verlängerung auf Weg 3 durch die Feldflur und durch den Waldhang steigen. Auf dem Querweg (1) abwärts, am **Forsthaus Hetzingen** vorbei, auch hinter dem **Schliebach** auf dem Teerweg bleiben, vom »Hetzinger Weg« zur L 246. Auf dem Fußweg hinab nach Brück. Vom Kreisverkehr über die Rurbrücke und auf Weg S: Links durch das Rurtal bis zur Abzweigung nach **Zerkall;** rechts den **Laacher Berg** ganz hinauf bis zu einer Abzweigung.

Von hier mit dem Zeichen ▶ zurück: Rechts auf dem **Panorama-Felsenweg** durch das **Jungholz;** aus einem Bachtal über die L 11 hinweg, die »Bahnhofstraße« hinauf zum Marktplatz – von wo durch die »Kirchgasse« auch zur Kirch und zur **Burg** (Burgenmuseum, Ausblick, Gastronomie) gegangen werden kann – und durch die »Zülpicher Straße« zum Ausgangspunkt.

NORDEIFEL

Nideggen – Zerkall – Bergstein – Obermaubach

Große Berg- und Felsenwanderung

Ausgangspunkt: Nideggen, Wanderparkplatz Danzley in der Bahnhofstraße.
Bus/Bahn: Bus von Düren und Heimbach. Rurtalbahn Düren – Heimbach; an oder nahe der Wanderstrecke die Haltestellen Nideggen-Brück, Zerkall und Obermaubach.
Gehzeit: 5 Std. (17 km).
Charakter: Bergige Tagesrundtour auf teils steilen Wegen und Pfaden, jedoch mit außergewöhnlichen Landblicken. Bergschuhe anziehen!
Einkehr: In Bergstein (Abstecher), Obermaubach und Nideggen.
Karte: KOMPASS Nr. 757, Aachen und das Dreiländereck. Eifelverein Nr. 2, Rureifel.

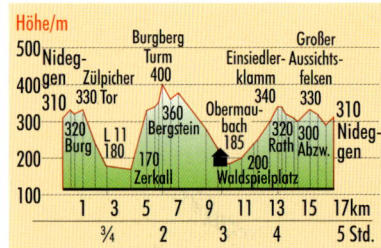

NATIONALPARK EIFEL UND UMGEBUNG

Im Felswald bei Nideggen.

NATIONALPARK EIFEL UND UMGEBUNG

Aussichtsfelsen Kickley, Blick auf Nideggen.

Eine Wanderung durch die pittoreske Buntsandstein-Felsenwelt um das Rurtal zwischen Nideggen, Hürtgenwald und Kreuzau. Vom Parkplatz die »Bahnhofstraße« aufwärts gehen, durch das **Brandenberger Tor** zum Marktplatz, und die »Kirchgasse« hoch zur historischen Kirche und **Burgruine.** Vom Bergfried Jenseitsturm entfaltet sich der Zauber des Gebietes, und das **Burgenmuseum der Eifel** lockt zu einem Besuch.

Durch die »Kirchgasse« wieder zurückgehen, und vom Marktplatz rechts durch die »Zülpicher Straße« zum **Zülpicher Tor.** Dahinter am Kiosk nach rechts auf den Parkplatz, und von der Tafel auf Weg 10: Bergab, rechts haltend und bald steil, durch die Felswände am **Teufelstritt** und bis zum geteerten Schüdderfelder Weg, auf dem es rechts abwärts zur L 11 im Stadtteil **Brück** geht. Jenseits der Landstraße Weg K folgen: Durch das **Rurtal;** von der Bahnhaltestelle nach **Zerkall;** ab Ortsmitte rechts den »Mühlenweg« ansteigen; wenig oberhalb der Zufahrt zu Haus Nr. 16 rechts den Bergpfad hinauf; oben, vor dem Waldrand, scharf rechts um den Hang, erst Pfad, dann Weg, oberhalb einer Linkskurve geteert; an der höchsten Stelle scharf rechts den **Burgberg** hoch zum **Krawutschketurm** (Rundumblick, Geschichtstafel); im Bogen hinab nach **Bergstein.**

Vor der Kirche vorbei und der Markierung ◄ folgen: »Burgstraße«, am Sancta-Maria-Bildstock rechts »Im Siebert« hoch; am Ortsende geradeaus über die Höhe; am **Weishaupt-Kreuz** rechts in den Feldweg wechseln und zunehmend abwärts, auch in den Wald; darin halbwegs bergab (***Achtung!***), rechts weiter; in **Obermaubach** am Naturfreundehaus vorbei, durch »Bergsteiner Straße« und »Seestraße«. Über den **Staudamm**, rechts am Bahnhof vorbei, wenig dahinter links den **Waldlehrpfad** ansteigen. Vor dem **Waldkinderspielplatz** den breiten Fahrweg Richtung Waldkapelle am **Mausauel** hochgehen. An der **Alten Eiche** links hinauf.

Von der erreichten Kreuzung nach rechts in die **Felsenpassage**, und zurück nur noch dem Zeichen ▶ folgen: Etwa 300 m auf dem Fahrweg, dann links auf den schmaleren Weg; unterhalb **Eugenienstein** und alpin durch die **Einsiedlerklamm;** vom vorspringenden Aussichtsplateau zur **Kickley**, und weiter an den Ortsrand von **Rath;** aus der Wegkurve vor der K 32 rechts wieder etwas hoch; 250 m weiter nicht rechts auf Weg S bergab, vielmehr links den **Panorama-Felsenweg** durch das **Jungholz** vollenden; aus einem Bachtal über die L 11 hinweg, und die »Bahnhofstraße« ansteigen, zurück zum Ausgangspunkt.

Nideggen; Felsenrundgang im Jungholz.

NORDEIFEL

14

Heimbach – Blens – Schmidt – Rurtalsperre Schwammenauel

Durch das Rurtal und über die Höhen

Ausgangspunkt: Bahnhof Heimbach oder – links davon, neben der Rurbrücke – Großparkplatz Laag (geringe Parkgebühr).
Bus/Bahn: Rurtalbahn von Düren. Busverbindung von Schleiden und Düren.
Gehzeit: Ca. 4½ Std. (17,5 km).
Charakter: Tages-Rundwanderung auf Wegen und Bergpfaden, mit Steigungen und Gefällstrecken, aber auch mit bezaubernden Landblicken. Bergschuhe werden empfohlen.
Einkehr: Unmittelbar an der Strecke nur im Seehof und in Heimbach. Rucksackverpflegung mitnehmen!
Karte: KOMPASS Nr. 757, Aachen und das Dreiländereck. Eifelverein Nr. 2, Rureifel, oder Nr. 50, Nationalpark Eifel.

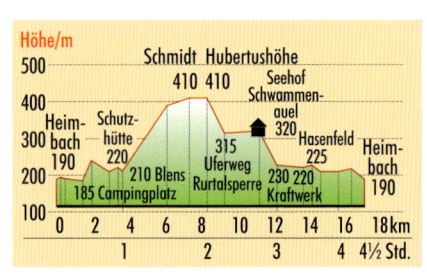

Staubecken Heimbach. Wandersteg am Meuchelberg.

NATIONALPARK EIFEL UND UMGEBUNG

Vom Bahnhof oder vom Parkplatz über die **Rurbrücke** (Hasenfelder Straße) gehen, dahinter rechts durch das Rurtal, auf Straßen und auf dem **Rur-Ufer-Radweg** (RUR) 1 km bis vor die Campinganlage Habersauel. Dort links (Richtung Blens) auf Weg 13: Ziemlich steil bergauf; oben nach Rechtskurve fast 1 km wieder abwärts, dann aber (Achtung!) links in den Bergpfad wechseln; ab der Schutzhütte hinunter zum oberen Ortsende von **Blens.**

Die »Odenbachstraße« aufwärts, am Wanderparkplatz vorbei auf Weg T 1: Über dem **Odenbach** den Talgrund hoch; oben dem Waldrand entlang; vom Parkplatz Scheidbaum noch aufwärts bis zur Teerwegekreuzung vor **Schmidt.** Links »Am Scheidbaum«, die L 218 überschreiten, nach rechts um die Einzäunung der Jugendstätte Rursee und (Wege 1, 2, 4) 250 m am Waldrand. Einem Schild folgend scharf links zur **Hubertushöhe Schöne Aussicht** mit einem unvergleichlichen Blick über die Rurtalsperre und auf die Halbinsel Eschauel mit ihren Boots- und Badeplätzen. Von den Bänken 20 Schritte zurückgehen, dann rechts (5 und <) abwärts: Sorgfältig auf diese Zeichen achten und in vielen Kehren sowie mit Abzweigungen, teils steil, hinab zum **Uferweg der**

Heimbach

Der malerische Luftkur-, Fremdenverkehrs- und Wallfahrtsort, 673 als »Heimbecha« erstmals erwähnt, wird überragt von seiner Burg Hengebach. Die Herren von Hengebach werden schon im 11. Jh. genannt, und 1207 wird deren Edelherr Wilhelm Graf von Jülich. Die alten Stadtrechte von 1343 wurden 1959 wieder verliehen. Sehenswert sind die Pfarr- und Wallfahrtskirchen, in der Salvatorkirche der kostbare Antwerpener Schnitzaltar mit einer Pietá, die Glasbläserei sowie die Ausstellungen im Haus des Gastes, zudem am Stausee das Jugendstilkraftwerk. Lehrpfade und alle Freizeiteinrichtungen.

Info-Punkt Heimbach, Seerandweg 3, 52396 Heimbach. Tel. (02446) 808-18, Fax (02446) 80888. E-mail: info@heimbach-eifel.de; www.heimbach-eifel.de

Rurtalsperre Schwammenauel. Nach links 2 km zum **Seehof.** Dort jedoch oberhalb der Parkflächen bleiben. Die L 15 nach links vorsichtig (!) überqueren und einen Teerweg hangabwärts. An der Verzweigung nach rechts ganz bergab zum **Kraftwerk.** Rechts auf Weg 1 durch das Werksgelände, um den bewachsenen **Staudamm,** und dem **Staubecken** entlang spazieren zum **Jugendstil-Kraftwerk Heimbach.**
Weiter mit dem Zeichen <:Über die Brücke und nach **Hasenfeld** ansteigen, aber vor dem **Ave-Maria-Denkmal** scharf rechts »Im Sangert« wieder abwärts; am Fuß des **Meuchelberges** dem Staubecken entlang; vor dem Bootsplatz ansteigen. Den Teerweg etwas hinab, an der Abzweigung aber links abbiegen, auf dem **Lehrpfad** zum **Haus des Gastes,** dann wieder abwärts. Unten nicht über die Fahrbrücke, vielmehr über den Parkplatz, danach die Fußgängerbrücke über die Rur nehmen und zurück zum Ausgangspunkt.

NATIONALPARK EIFEL UND UMGEBUNG

Bild oben: Rurtal bei Heimbach.
Bild links: Rurtalsperre Schwammenauel. Blick von der Hubertushöhe.

NORDEIFEL

15

Um die Rurtalsperre Schwammenauel

Wanderstrecken nach Wahl, Abkürzungen durch Bootsfahrt

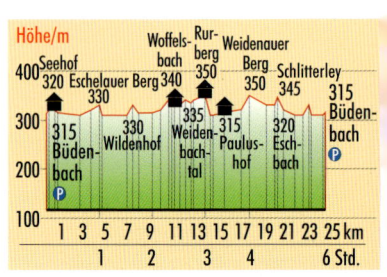

Ausgangspunkt: Wanderparkplatz Büdenbach, an der L 15 südlich des Staudammes Schwammenauel.

Bus/Bahn: Rurtalbahn über Düren (Anschlüsse von Linnich – Jülich und Köln – Aachen) nach Heimbach, täglich. Rurseebahn Heimbach – Schwammenauel, April bis Oktober; Fahrplan anfordern bei Rureifel-Tourismus, s. Tour 2. Nach Woffelsbach und Rurberg: Bus von Aachen und Monschau über Simmerath.

Bootsverbindungen: Rursee-Schifffahrt, April bis Oktober; Fahrplan anforden s. Seite 45 (unten).

Gehzeit: Insgesamt etwa 6 Std. (25 km). Bis zu den Bootsanlegestellen: Eschaueler Berg 1 Std.; Woffelsbach (Abstecher) 2½ Std.; Rurberg 3½ Std.; Kermeterufer (Abstecher) 4½ Std.

Charakter: Landschaftlich reizvolle, durch Bootsfahrt mehrfach abkürzbare Rundwanderung, fast nur auf festen Wegen, in den Ortslagen auch Straßen. Vor allem ab Woffelsbach auf kurzen Strecken auch stärkeres Auf und Ab.

Einkehr: Seehof Schwammenauel, Woffelsbach, Rurberg, Staudamm Paulushof; dann nicht mehr.

Karte: KOMPASS Nr. 757, Aachen und das Dreiländereck. Eifelverein Nr. 2, Rureifel, oder Nr. 3, Monschauer Land-Rurseengebiet, oder Nr. 4, Schleiden-Gemünd, oder Nr. 50, Nationalpark Eifel.

Der ganze Rundweg ist als Weg 12 markiert; doch wird hinter Woffelsbach davon abgewichen, um einen Berg zu ersparen. Weitere Markierungen werden nachstehend genannt.

Von der Parkplatzzufahrt spazieren wir mit der L 15 über den **Staudamm Schwammenauel**. Vor dem **Seehof** (Mark. >) zum See-Ufer absteigen und dem Seerand entlang. Nach 3 km ungeachtet der vorgenannten Markierung weiter auf dem Uferweg, über die Parkplätze am **Eschaueler Berg** hinweg und wieder ans Ufer. Straße ab **Wildenhof** und um das **Jugendferienheim Schilsbachtal,** dann der Markierung ▶ folgen: In **Woffelsbach** von der »Schilsbachstraße« durch »Im Zemmer«; »Kirschberg« abwärts in die »Wendelinusstraße« (wo im Wolfsbachtal der »Promenadenweg« zur

NATIONALPARK EIFEL UND UMGEBUNG

Rurtalsperre mit Blick auf den Seehof.

Bootsanlegestelle führt) und wieder bergauf, an der Kirche vorbei; oben rechts herum zur Kurve der L 128.

Von den bisherigen Markierungen abweichend gehen wir nun Richtung Rurberg 80 m der Landstraße entlang, dann – an einer Grundstückseinfahrt – in den beschilderten »Fußweg nach Rurberg« (Weg 4), den Bergpfad im Steilhang abwärts, oberhalb von Bootsplätzen durch den Waldhang. Von einer Abzweigung

RURTALSPERRE SCHWAMMENAUEL

Sie ist die größte Talsperre Deutschlands und auch im Deutsch-Belgischen Naturpark Hohes Venn/Eifel (202,6 Mio m³) dient der Hoch- und Brauchwasserregulierung, aber auch dem Wassersport und der Erholung. Zum Sperrsystem der Rurtalsperre gehören noch der Obersee (▶ Tour 19), die Urfttalsperre (▶ Tour 18), das Staubecken Heimbach (▶ Tour 16) sowie das Staubecken Obermaubach (▶ Touren 11,13). Hauptwasserlieferant ist die Rur; sie entquillt nahe der Botrange, Belgiens höchstem Punkt, dem Hochmoor Wallonisches Venn, und sie mündet bei der niederländischen Stadt Roermond in die Maas, die zum Rhein fließt. Verstärkt wird die Rur vor allem durch die Flüsse Perlenbach und Urft mit Olef, aber auch durch die Erkensruhr und zahlreiche Quellbäche.

Alle Talsperren der Nordeifel: ▶ Seite 7.
Rursee Schifffahrt, 52396 Heimbach-Schwammenauel, Tel. (02446) 479, Fax (02446) 1267, E-mail: info@rursee-schifffahrt.de

NATIONALPARK EIFEL UND UMGEBUNG

Rurseeschiffahrt

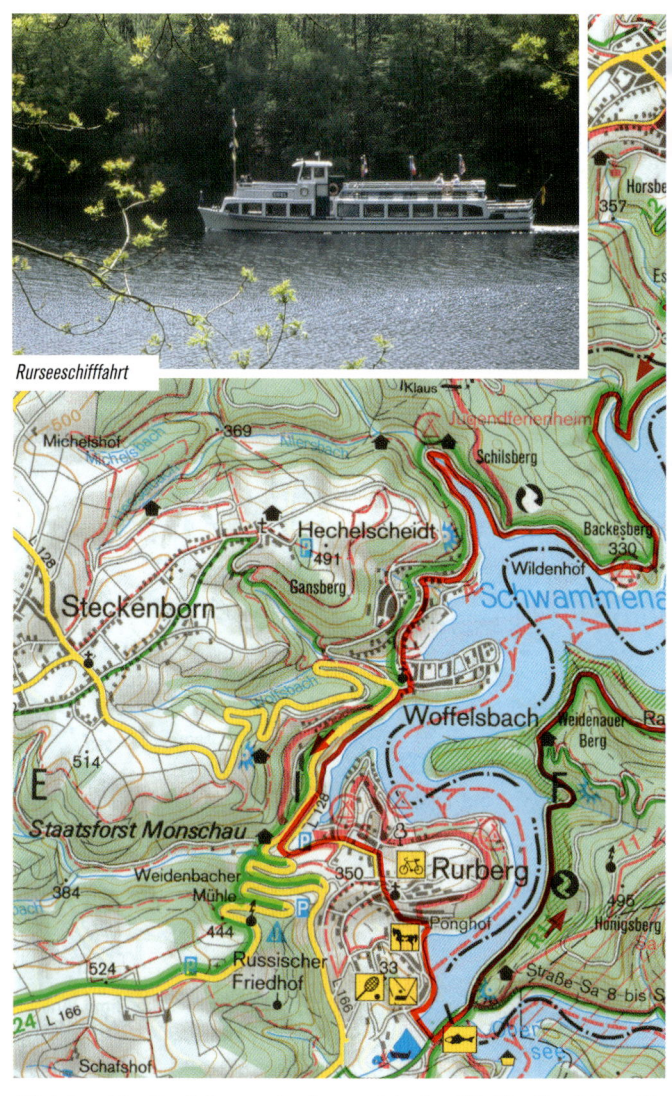

(Stein) rechts den Fahrweg hoch zur »Woffelsbacher Straße«, und mit ihr (Fußweg rechts) links ab- wärts ins **Weidenbachtal.** Ab dort wieder dem Zeichen ▶ folgen: Hinauf nach **Rurberg,** »Hö-

NATIONALPARK EIFEL UND UMGEBUNG

vel« bis vor die Kirche; rechts über die »Dorfstraße« hinweg, Tritte und den Felsenweg hinab, nach links absteigen; in die Straße »Am Südhang« nur 40 m, dann rechts Treppen und den Pflasterweg hinunter; »Dorfstraße« auch abwärts, unten »Grimmischall« zum See-Ufer; rechts, auch an der Bootsanlegestelle vorbei; vor dem **Informationshaus** links über den **Eiserbachsee** (Freibaddamm), dann über den **Staudamm Paulushof.**

Dahinter nach links und nur noch auf Weg 12 achten: In die Uferstraße, die bald ansteigt; vor der ersten Steilkehre links abbiegen, zur **Schutzhütte Weidenauel** und abwärts; an der **Schutzhütte Ramsau** (links geht es zur Bootsanlegestelle Kermeterufer) weiter, auch über die **Schlitterley;** ½ Stunde später in einem Abstecher über die **Halbinsel Tonsberg** (römische Befestigung, Seehofblick); wieder am Ufer und zum Ausgangspunkt.

NORDEIFEL
16

Heimbach – Mariawald – Staubecken
Durch den Kermeter und um das Staubecken

Ausgangspunkt: Bhf. Heimbach oder – links davon, neben der Rurbrücke – Großparkplatz Laag (geringe Parkgebühr).
Bus/Bahn: Rurtalbahn von Düren. Bus von Schleiden und Düren.
Gehzeit: 3 Std. (11,5 km).
Charakter: Rundtour. Ziemlich steiler Aufstieg zur Abtei Mariawald, steil bergab im Herbstbachtal, anschließend weitläufig durch den Waldhang. Zuletzt uriger Pfad am Staubecken. Bergschuhe werden empfohlen!

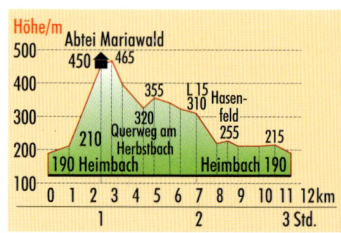

Einkehr: Klostergaststätte Mariawald, Berghof bei Schwammenauel und Heimbach.
Karte: KOMPASS 757, Aachen und das Dreiländereck. Eifelverein Nr.2, Rureifel, oder Nr.4, Schleiden-Gemünd, oder Nr. 50, Nationalpark Eifel.

Ziele der »Thementour 5« (T 5): Die einzige Trappistenabtei Deutschlands sowie ein bedeutendes Technikdenkmal. Vom Bahnhof links zum Parkplatz und an das Ufer der **Rur** gehen. Am Flussufer gegen die Fließrichtung an der Stadtseite weitergehen bis vor das Haus am **Stauwehr** des **Staubeckens Heimbach.** Von dort links auf Weg 8 das Ruppental hoch, jenseits der Landstraße auf dem **Stationenweg** zur **Abtei Mariawald.**

Weiter auf Weg 8: Den Parkplatz hinauf, am Waldrand rechts aufwärts zum **Ehrenfriedhof;** vom oberen Friedhofsausgang rechts den Waldweg hinab, weiter unten das **Herbstbachtal** (Bach bleibt rechts) steil abwärts, auch über einen Querweg. In den tiefer erreichten Querweg (9) nach links, streckenweise wieder ansteigend, auch um das **Steinbachtal** und bis zur Landstraße

NATIONALPARK EIFEL UND UMGEBUNG

Jugendstilkraftwerk am Staubecken Heimbach.

oberhalb **Schwammenauel.** Am Straßenrand nur 50 m abwärts, dann rechts abbiegen und dem Zeichen < folgen: Neben dem **Berghof** die Straße hinab in die **Rurauen** zum Staubecken und zum imposanten **Kraftwerk;** über die Brücke und nach **Hasenfeld** ansteigen, aber vor dem **Ave-Maria-Denkmal** scharf rechts »Im Sangert« wieder abwärts und am Fuß des **Meuchelberges** dem Staubecken entlang; vor dem Bootsplatz ansteigen. Den Teerweg etwas hinab, an der Verzweigung aber links abbiegen, auf dem **Lehrpfad** zum **Haus des Gastes,** dann wieder abwärts. Unten nicht über die Fahrbrücke, vielmehr über den Parkplatz, dann die Fußgängerbrücke über die Rur nehmen und zurück zum Ausgangspunkt.

Staubecken Heimbach (1,25 m³), Rückhaltebecken, 2 Kraftwerke.
Jugendstil-Wasserkraftwerk an der Brücke nach Hasenfeld, 1904 in Betrieb genommen, eine der prächtigsten, erhalten gebliebenen Jugendstil-Industriebauten Deutschlands, heute betrieben vom RWE. Innen auch eine nostalgisch-historische Ausstellung einstiger Elektrogeräte (Tel. 02446-9504320). Sein Wasser erhält das Kraftwerk aus der Urfttalsperre, der ältesten Deutschlands, durch einen 3 km langen Stollen mit 110 m Gefälle.
Abtei Mariawald, im Gefolge von Wallfahrten ab 1480 am Kermeter entstandenes Kloster des 1098 gegründeten Zisterzienserordens. Spätgotische Kirche, darin jener prächtige Antwerpener Schnitzaltar mit dem Gnadenbild der Pietá, der heute die Salvatorkirche in Heimbach ziert. Kloster unter Napoleon aufgehoben, ab 1860 von Mönchen aus La Trappe neu begründet; diese »Zisterzienser von der strengen Observanz« werden deshalb bis heute »Trappisten« genannt. Ab 1941 verjagten die Nazis die Mönche. Nach Kriegszerstörung erhielt die Kirche ihre jetzige Gestalt. Nach dem Motto »Bete und arbeite« bewirtschaften die »schweigenden Mönche« ihre Ländereien. Buch- und Kunsthandlung, Klosterladen und bekannter Klosterlikör; Gaststätte mit traditioneller Erbsensuppe.
Stadt Heimbach ▶ Tour 14; Rurtalsperre ▶ Tour 15; Kermeter ▶ Tour 17.

NORDEIFEL

17

Wolfgarten – Mariawald

Über den Kermeter zum Trappistenkloster

Ausgangspunkt: Wanderparkplatz Tönnishäuschen, oberhalb Schleiden-Gemünd an der B 265, neben der Richtung Heimbach abzweigenden Kermeterhöhenstraße (L 249).
Gehzeit: 3 Std. (11 km).
Charakter: Rundwanderung, nahezu nur im Wald und zumeist auf festen Wegen, nicht steil.
Einkehr: In Wolfgarten und in der Klostergaststätte Mariawald (vor allem Erbsensuppe).
Karte: KOMPASS Nr. 757, Aachen und das Dreiländereck. Eifelverein Nr. 4, Schleiden-Gemünd, oder Nr. 50, Nationalpark Eifel.

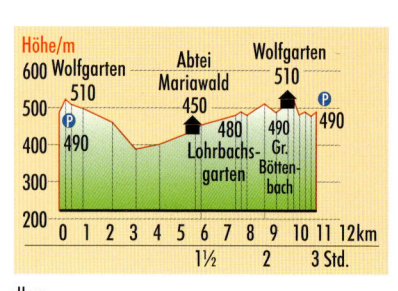

Wanderung durch den Bergwald zu einer bedeutenden Abtei der Nordeifel.

Vom Wanderparkplatz zunächst der Markierung > (auch A 2) folgen, durch den Wald nach **Wolfgarten**. In die Straße »Am Merrchen« nach links, rechts »Kermeterstraße« abwärts. Über die

NATIONALPARK EIFEL UND UMGEBUNG

Wolfgarten; der Waldschrat.

Landstraße hinweg und (A 2) zum **Forsthaus Mariawald.** Dort in den linken (!) Fahrweg, der nun 5 km beibehalten wird: Nach 1,2 km von Weg A 5 abweichend links herum; 1,2 km weiter (Gabelung) den rechten Weg hinab und bald auch als Weg 6 markiert. Kurz vor Erreichen der Landstraße rechts (Wege 6 und 7) vom Fahrweg ab und zur nahen **Abtei Mariawald.**

Der Rückweg ist mit dem Zeichen ▶ markiert: Oberhalb des Klosters den Parkplatz hinauf und neben der Landstraße (Richtung Gemünd) ansteigen, bis **Lohrbachsgarten;** links über die Landstraße und erst noch an dieser Ostseite der Kermeterhöhenstraße weiter, später an der Westseite; durch die Quellsenke des **Großen Böttenbaches** und hinauf nach **Wolfgarten;** »Zum Stich« bis zum Winkel »Am Merrchen«; vor der Naturparkkarte durch die Absperrung erst noch bergauf, an der Gabelung hinter dem Wasserhochbehälter nach rechts und abwärts bis zu einem breiten Querweg. Auf diesem sog. Jägerpfad links (A 1) zurück zum Ausgangspunkt.

KERMETER

Das zwischen den Flusstälern der Urft und der Rur gelegene, niederschlagsarme, 13 Kilometer lange Waldgebirge, ist das größte seiner Art im Nationalpark Eifel.
Über seine Höhe führte einst die Römerstraße Köln – Reims; später war der Wald fränkisches Königsgut und Jagdrevier Karls des Großen, dann über Jahrhunderte in wechselndem Besitz. Zu Zeiten Napoleons kahlgeholzt, ist der Berg heute etwa je zur Hälfte mit Laub- und Nadelwald bedeckt; künftig wird der Laubwald überwiegen.
Zur Abtei Mariawald ▶ Tour 16.
Touristik Schleidener Tal/Nationalpark-Tor, Haus des Gastes,
Kurhausstr. 6, 53937 Schleiden-Gemünd. Tel. (02444) 2011, Fax (02444) 1641.
E-mail: info@gemuend.de; www.gemuend.de
Nationalparkforstamt Eifel, Urftseestr. 34, 53937 Schleiden-Gemünd. Tel. (02444) 95100,
Fax (02444) 951085; www.nationalpark-eifel.de

NORDEIFEL

18

Kermeter – Urfttalsperre – Obersee – Hirschley

Schönste Aussichtspunkte und der Waldlehrpfad Kermeter

Ausgangspunkt: Parkplatz Kermeter-Paulushof; an der scharfen Kurve der Landstraße Schwammenauel – Gemünd auf der Kermeterhöhe abbiegen.
Gehzeit: Etwa 3½ Std. (11 km).
Abkürzungen: Ende März bis Mitte Oktober fährt von 12 bis 17 Uhr stündlich ein Bus von der Urfttalsperre zum Parkplatz zurück; dann 1 Std. Gehzeit. Außerdem kann vom Fuß der Urftstaumauer bis zum Staudamm Paulushof in dieser Zeit mit dem Boot gefahren werden; ¾ Std. weniger Gehzeit.
Charakter: Bergige Rundtour, die entsprechendes Schuhwerk erfordert. Anfangs kurz steil bergab; steiler Anstieg am Honigberg.

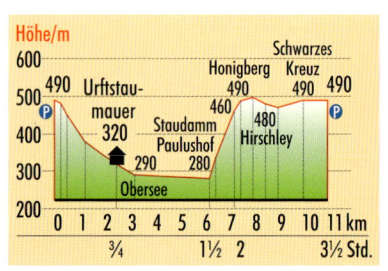

Einkehr: An der Urftstaumauer, mit Abstecher auch am Staudamm Paulushof.
Karte: KOMPASS Nr. 857, Aachen und das Dreiländereck. Eifelverein Nr. 2, Rureifel, oder Nr. 3, Monschauer Land-Rurseengebiet, oder Nr. 4, Schleiden-Gemünd, oder Nr. 50, Nationalpark Eifel.

NATIONALPARK EIFEL UND UMGEBUNG

Ranger Leyendecker im Nationalpark.

In der abfallenden Hälfte des Parkplatzes am Schild »Fußweg zum Urftsee« in den Waldweg, der sich bald steil senkt. Die K 7 hinunter bis in eine enge Linkskehre. Hier rechts ausbiegen und den Wanderpfad direkt hinab zur **Urftstaumauer.**

Vor der Staumauer abwärts und dem **Obersee** entlang zum **Staudamm Paulushof.** Ab dem Rastplatz noch vor dem Staudamm (oberhalb der Bootsanlegestelle) sofort den Hang ansteigen und dem Zeichen ▶ folgen: Steil hoch, auch über eine Waldstraße hinweg und auf den **Honigberg;** oben links mit einer Waldstraße zum **Rastplatz Paulushof;** geradeaus weiter über den **Waldlehrpfad Kermeter** und (kleiner Abstecher) zur **Hirschley,** dem schönsten Aussichtspunkt über dem Rursee; mit der nächsten Forststraße auf dem Waldlehrpfad rechts ansteigen, zum Grauwackefindling und zur Schutzhütte am Schwarzen Kreuz. Auf dem breiten Höhenweg zurück zum Ausgangspunkt.

URFTTALSPERRE

Diese älteste Talsperre Deutschlands, erbaut 1900-1905, fasst 45,5 Mio m³ Wasser und windet sich ab Gemünd 11 km lang durch das felsenreiche Waldtal. Ihre 54 m hohe Schwergewichtsmauer bietet eine zwar seltene, dann aber einmalige Attraktionen, wenn bei Hochwasser der Stausee überläuft und das Wasser mit breitem Schwall in den Obersee stürzt. Von der Mauer kann die einstige »NS-Ordensburg« Vogelsang erblickt werden.

Waldlehrpfad Kermeter, stets frei zugänglich und 4,4 km lang, anschaulich und der wohl reizvollste Waldlehrpfad der Eifel.

NORDEIFEL

19

Einruhr – Obersee – Urfttalsperre

Durch Bootsfahrt abkürzbarer Talsperrenrundgang

Ausgangspunkt: Einruhr, Parkplätze an der B 266 neben der Oberseebrücke. – Weitere Parkflächen: Rurstraße (gebührenpflichtig) und an der Heilsteinstraße (nahe B 266).
Bus: Verbindungen von Aachen, Simmerath, Monschau und Schleiden.
Bootsverbindungen: Rursee-Schifffahrt, April bis Oktober: s. Seite 45
Gehzeit: Etwa 3½ Std. (14,5 km).
Abkürzungen mit dem Boot: Vom Fuß der Urftseestaumauer oder vom Staudamm Paulushof nach Einruhr.
Charakter: Leichte Rundwanderung, fast nur auf festen Wegen und mit nur sehr kurzen steileren Abschnitten.

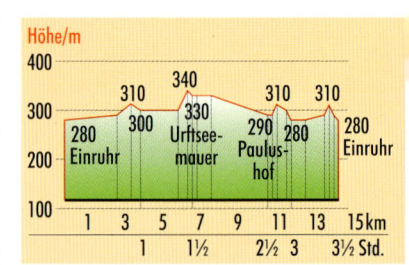

Einkehr: Urftseestaumauer, Staudamm Paulushof (in der Nähe auch Rurberg) und Einruhr.
Karte: KOMPASS Nr. 757, Aachen und das Dreiländereck. Eifelverein Nr. 3, Monschauer Land-Rurseengebiet, oder Nr. 4, Schleiden-Gemünd, oder Nr. 50, Nationalpark Eifel.

Staumauer der Urfttalsperre.

NATIONALPARK EIFEL UND UMGEBUNG

Einruhr und Obersee

Einruhr hieß bis Mitte des 17. Jh. – nach seiner zur Pfarre Wollseifen gehörenden Nikolauskapelle – Niclasbrück. Im Ortsteil Pleushütte stand über 300 Jahre lang eine Eisenhütte. Der zur Gemeinde Simmerath gehörende Ort ist ein Zentrum des Fremdenverkehrs im Nationalpark Eifel.
Der Obersee (17,9 Mio. m³), gespeist von den Flüssen Rur und Urft, dient vor allem als Trinkwasserreservoir und bietet mit Elektrobooten schöne Ausflugsmöglichkeiten. Vom Staudamm Paulushof (33 m hoch) fließt das Wasser in den Heinrich-Geis-Stollen (3,7 km) zur Kalltalsperre, von dort 6,2 km durch einen weiteren Stollen zur Dreilägerbachtalsperre mit ihrer Trinkwasseraufbereitungsanlage.
Rursee-Touristik, Seeufer 3, 52152 Simmerath-Rurberg.
Tel. (02473) 9377-0
E-mail: info@rursee.de; www.rursee.de

Ein beschaulicher Rundgang, zumeist hoch über den Talsperren und mit schönen Landblicken.
Von der B 266 beginnen wir den **Oberseerandweg** auf der »Rurstraße« durch **Einruhr,** in der Fortsetzung »Jägersweiler Straße«. Der Weg steigt ab einer Hütte waldfrei an, senkt sich aber wieder und kurvt weiter um den **Obersee.** Zuletzt etwa 100 m stark ansteigen, scharf links noch 50 m zu einem Aussichtsplatz, dann über die imposante **Urftseemauer,** mit Blick auf die einstige »NS-Ordensburg« Vogelsang. Von der Gaststätte in Richtung Schiffsanlegestelle gehen, auf Weg 10 bergab und um den Obersee zum **Staudamm Paulushof,** der Obersee und Rurtalsperre trennt. Hinter dem Damm noch über den Parkplatz, dann dem Zeichen > (auch Wege 6 und 20) folgen: Sofort links neben der Hecke bergauf; von oben mit der Straße wieder abwärts, jedoch aus einer Linkskehre geradeaus in den Waldweg; bald in Kehren absteigen und dem See folgen; 2 km weiter nochmals kurz ansteigen, ab einer Schutzhütte aber wieder nach unten. Zuletzt vom Ufer über die Straßenbrücke zurück zum Ausgangspunkt.

NORDEIFEL

20

Vogelsang – Wollseifen

Durch das bebaute Ensemble und zu den Wüstungen

Ausgangspunkt: Besucherparkplatz Vogelsang. Zufahrt von der B 266 nahe Schleiden-Morsbach, gebührenpflichtig.
Bus/Bahn: Verbindungen von Köln/Hauptbhf. sowie von den Bahnhöfen Kall und Heimbach, ferner von Simmerath (Aachen, Monschau), Schleiden, Gemünd und Hellenthal.
Gehzeit: 2 Std. (6 km) ohne jegliche Besichtigungen.
Charakter: Rundwanderung, die mit dem Gang durch den weitflächigen Gebäudekomplex beginnt. Es geht dahinter steil abwärts, dann gedehnt bergauf nach Wollseifen, von dort über die Dreiborner Höhe.
Einkehr: Nur in Vogelsang, am Adlerhof.
Karte: KOMPASS Nr. 757, Aachen und das Dreiländereck. Eifelverein Nr. 3, Monschauer Land-Rurseengebiet, oder Nr. 4, Schleiden-Gemünd, oder Nr. 50, Nationalpark Eifel.

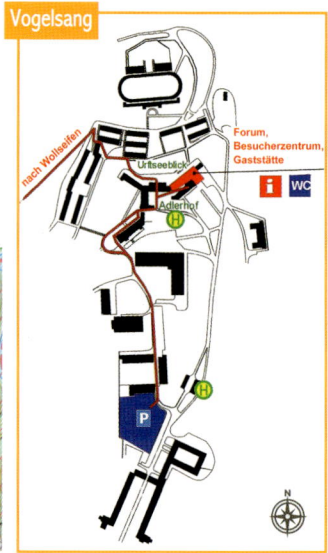

Die Wege zwischen den Gebäuden werden so beschrieben, wie sie derzeit als Rundgang und Richtung Wollseifen beschildert sind und durchwandert werden können. Künftige Änderungen bleiben vorbehalten. Für weitere Besichtigungen werden im Forum ausliegende Schriften und Pläne empfohlen; auch kann eine Führung bestellt werden.

Wir wandern vom Ausgangspunkt Richtung Forum zwischen die Abstellschuppen. Danach abwärts das gewinkelte Gebäude rechts

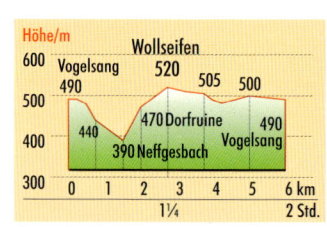

Kirche Wollseifen.

lassen. Dahinter absteigen und um den Fuß der einstigen Burgschänke (künftig Dokumentationszentrum), dann den Durchgang benutzen zum sog. Adlerhof. (Das **Forum** mit Besucherzentrum und Gastronomie liegt vorerst rechts.) Den Durchgang durch die Wandelhalle nehmen zum **Urftseeblick.** Nach links zwei Treppen absteigen und weiter hinab in den Winkel der Gebäudereihen gehen (einstige Kameradenhäuser rechte Zeile, Hundertschaftshäuser linke Zeile), dort erneut eine Treppe abwärts und links zur Infotafel.

Von hier Richtung Wollseifen: Steiler Weg waldabwärts ins **Neffgesbachtal;** ein paar Schritte rechts, dann links gedehnt bergauf; vor den **Ruinen des Dorfes Vogelsang** links und weiter hoch zur Kirche **Wollseifen.** Oberhalb nach links durch das Gebüsch, und in Richtung Herhahn in die lange Gerade über die **Dreiborner Höhe.** Nach etwa 1 km links Richtung Vogelsang abbiegen, bald durch das obere Neffgesbachtal und wieder hoch zu einer Betonstraße Auf dieser nach rechts, aber vor dem Stoppschild links auf den Fußweg und zurück zum Ausgangspunkt.

Ab 1934 entsteht auf der Ostseite der Dreiborner Hochfläche eine weitläufige, mehrteilige Anlage für die Schulung des nationalsozialistischen Führungsnachwuchses. Der – nie vollendete – Gebäudekomplex wurde damals in Anlehnung an die Bauten der deutschen Ritterorden missbräuchlich »Ordensburg« genannt. Bereits 1939 folgt dem kurzen Lehrbetrieb die Nutzung durch die Wehrmacht, ab 1941 aber auch durch Adolf-Hitler-Schulen. Nach dem 2. Weltkrieg wird Vogelsang erst vom britischen, dann vom belgischen Militär genutzt, und die Dreiborner Hochfläche wird Truppenübungsplatz, auch Beschußziel vom belgischen Übungsplatz Elsenborn aus. Ein für das Personal der »Burg« vorgesehenes **Dorf Vogelsang** wird zerschossen. In dem geräumten, durch Beschuß verwüsteten **Dorf Wollseifen** entstehen später neue Bauten für Häuserkampfübungen. Die zerschossene Kirche wird künftig für eine historische Ausstellung hergerichtet.

Nach Abzug des belgischen Militärs ist das ganze, seit Ende des 2. Weltkriegs gesperrt gewesene Gelände mit dem belgischen Camp Vogelsang und weiten Teilen der Umgebung zum **Nationalpark Eifel** erhoben worden und ab 01.01.2006 auf vorgesehenen Wegen frei zugänglich. Der bebaute Bereich Vogelsang wird als Zentrum des rd. 11000 ha großen Nationalparks gestaltet mit Besucherparkplatz, Forum mit Ausstellungen und Unterlagen für Besucher, Bildungseinrichtungen, Führungen und Gastronomie. Der Blick von der Terrasse des sog. Adlerhofes über die Urfttalsperre und auf das Waldgebirge Kermeter ist beeindruckend.

Serviceagentur Vogelsang, Forum Vogelsang, 53937 Schleiden. Tel. (02444) 91579-0, Fax (02444) 9157929. E-mail: serviceagentur@vogelsang-ip.de, Internet: www.vogelsang-ip.de. Es wird empfohlen, vor einem Rundgang die Informationsschriften mit Wegeplan anzufordern.

NORDEIFEL

21

Einruhr – Dreiborner Hochfläche
Über den einstigen Truppenübungsplatz

Ausgangspunkt: Einruhr, Parkflächen an der B 266 neben der Oberseebrücke, ferner Heilsteinstraße, nahe der B 266.
Bus/Bahn: Verbindungen von Aachen, Simmerath, Monschau und Schleiden, auch Nationalparklinie von Vogelsang.
Gehzeit: 4½ bis 5 Std. (16,5 km).
Charakter: Berg- und Panorama-Rundwanderung mit langgedehnten An- und Abstiegen. Auf der oft windigen Hochfläche nur wenige Steigungen. Vor allem der Weg über dem Sauerbach kann bei Nässe matschig werden. Unbeschreibliche Nordeifelblicke von der Höhe! – **Achtung:** Nur die beschilderten und mit roten Pfählen gekennzeichneten Wege dürfen benutzt werden (Gefahr durch Blindgänger)! Die Entwicklung des Gebietes ist noch im Gange.
Einkehr: In Dreiborn (Abstecher von der Panzerstraße in den Ort. Auch in Erkensruhr (Abstecher) sowie in Einruhr (mehrere). Jedenfalls Wegzehrung mitnehmen!
Karte: KOMPASS Nr. 757, Aachen und das Dreiländereck. Eifelverein Nr. 3, Monschauer Land-Rurseengebiet, oder Nr. 4, Schleiden-Gemünd, oder Nr. 50, Nationalpark Eifel.

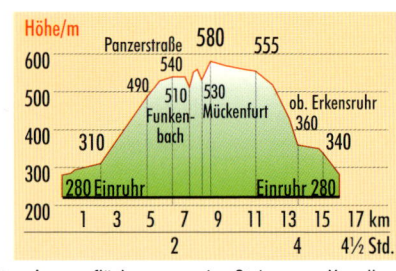

Wandern gegen den Wind auf der Dreiborner Hochfläche.

NATIONALPARK EIFEL UND UMGEBUNG

Zu dieser Wanderung durch das Zentrum des Nationalparks wird zunächst der B 266 Richtung Schleiden auf dem Fußweg an der Talseite gefolgt. An dessen Ende noch 50 m neben den Leitplanken weiter, dann nach Erkensruhr abbiegen. Gleich hinter dem **Sauerbach** sofort nach links und nun in Richtung Dreiborn ansteigen, auch von den Abzweigungen nach Wollseifen und nach Vogelsang in dieser Richtung bergauf, über dem **Helingsbach** und bis vor die **Panzerstraße** vor **Dreiborn**.

Nach rechts vor dem Waldstreifen Richtung Schöneseiffen weitergehen, auch vom nächsten Ortszugang geradeaus weiter. Hinter dem folgenden Ortszugang durch den Quellgrund des **Funkenbaches,** im Wald etwas ansteigen, dann rechts wieder vor dem Waldrand. Am nächsten (3.) Ortszugang nach rechts in den linken von zwei Wegen, der ein Waldstück rechts lässt; bald abwärts und durch die **Mückenfurt** (Quellgrund des Mückenbaches) und nochmals ansteigen.

Oben rechts in die Höhenstraße Richtung Hirschrott. Von der nächsten Gabelung rechts und nun stets Richtung Erkensruhr halten, vom **Gierberg** weit und stark bergab. Wenig oberhalb des Ortes **Erkensruhr** rechts in Richtung Einruhr durch den Hang, zuletzt Trittstufen zur Talstraße. Links in den Anfang des Ortes Erkensruhr, über den gleichnamigen Bach, zweimal rechts abbiegen und auf dem Teerweg das Tal abwärts. Zuletzt den Bach überbrücken und nach **Einruhr,** zum Ausgangspunkt.

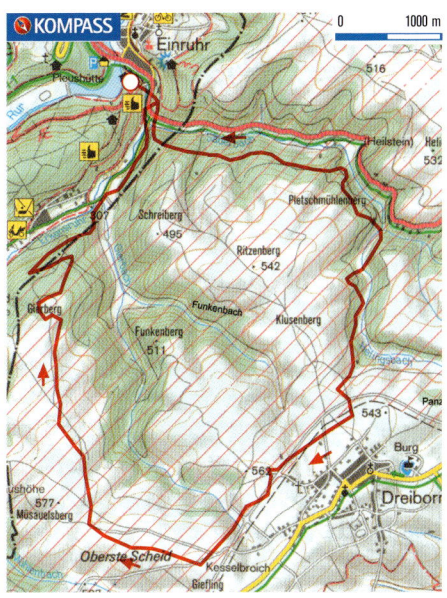

DREIBORN

Der heute zum Stadtgebiet Schleiden gehörende Ort entstand in der Nähe einer um 1300 erbauten Burg, der höchstgelegenen Wasserburg des Rheinlandes. Er ist benannt nach den burgnahen Drei Brunnen, 1334 als »Troys Fontaine« zuerst beurkundet. Der Ort ist halbwegs umrahmt von der betonierten Panzerstraße des ehemaligen Truppenübungsplatzes Vogelsang.
Vogelsang ▶ Tour 20, Rursee-Touristik ▶ Tour 19 und Touristik Schleidener Tal ▶ Tour 17.

NORDEIFEL

22

Einruhr – Dedenborn – Weihrauchsberg
Durch die Berge um die Rurschleifen

Ausgangspunkt: Einruhr, Parkplätze an der B 266 neben der Oberseebrücke.
Bus: Verbindungen von Aachen, Simmerath, Monschau und Schleiden.
Gehzeit: 2½ Std., je nach Kondition auch etwas mehr (8,5 km).
Charakter: Gebirgsrundwanderung auf steinigen Waldwegen und Pfaden, auch mit steilem Auf und Ab. Bei Nässe ist ein Beinschutz von Vorteil.
Einkehr: In Dedenborn und Einruhr; Wegzehrung mitnehmen!
Karte: KOMPASS Nr. 757, Aachen und das Dreiländereck. Eifelverein Nr. 3, Monschauer Land-Rurseengebiet, oder Nr. 4, Schleiden-Gemünd, oder Nr. 50, Nationalpark Eifel.

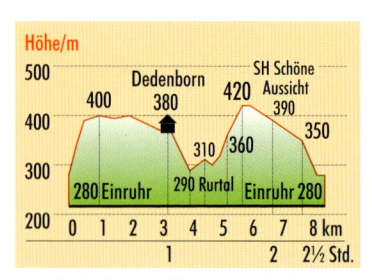

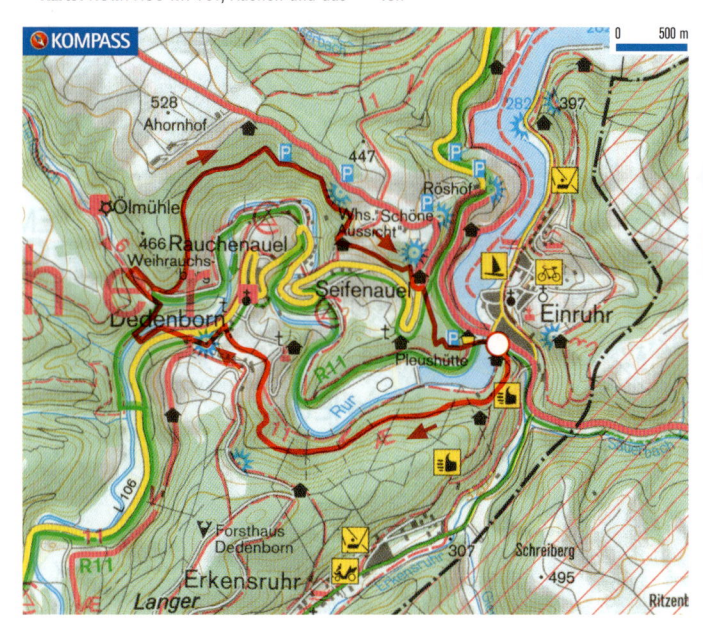

NATIONALPARK EIFEL UND UMGEBUNG

Eifelblick »Wolfshügel« auf Einruhr und den Obersee.

Eine Höhenwanderung mit wunderbaren Landblicken.

Vor der Seebrücke, gegenüber der Einfahrt nach **Einruhr** (Rurstraße), die **Erkensruhr** überbrücken und dem **Eifelsteig** folgen: Bereits an der Tafel links den Felsensteig hoch und weiter bergauf; von der Wegekreuzung rechts (Schutzhütte), am **Eifelblick Wolfshügel** vorbei und ungefähr 1,5 km durch den steilen Waldhang. Bevor der Weg wieder stärker ansteigt, davon abweichend rechts (Markierung >) den Hangpfad hinab, der sich bald als Weg bis zu einer Feldstraße verlängert; auf dieser links nach **Dedenborn;** die querende »Waldstraße« ansteigen, oben (am Pütz) rechts »Am Rott« nur noch 40 m.

Rechts den steilen Pfad hinab, auch über die L 106 bis ins **Rurtal.** Die Rur überbrücken und nach rechts wieder ansteigen, auch noch um die Felsenkurve und 100 m weiter, dann den Fahrweg hinab ins **Tiefenbachtal.** Nach rechts, doch am Radwegeschild links den **Weihrauchsberg** hinauf, nach 250 m links steil hoch. Oben stets die Richtung beibehalten, auch im waldfreien Gebiet und als Weg im Hochwald, bis zur Wegekreuzung vor der **Schutzhütte Schöne Aussicht.**

Am Fuß der Schutzhütte weitergehen, und neben der Berghöhe **Schöne Aussicht** hinunter zur Spitzkehre der B 266. Nach rechts um die Straßenkurve, rechts vom Rastplatz wieder in den Wald, und schon nach wenigen Schritten links den **Hüttenberg** absteigen nach **Pleushütte.** Über die Seebrücke zurück zum Ausgangspunkt.

NORDEIFEL

23

Hirschrott – Erkensruhr – Langerscheid
In die Waldberge westlich Erkensruhr

Ausgangspunkt: Wanderparkplatz bei Hirschrott. Zufahrt: Von der B 266 südlich Einruhr durch Erkensruhr fahren. Oberhalb der Ortslage Hirschrott auf der Talstraße eng an der Bergseite parken; zum Wenden gibt es am oberen Parkplatzende einen Wendeplatz!
Gehzeit: Etwa 3½ Std. (12,5 km).
Charakter: Bergige Rundwanderung, in der ersten Hälfte wechselnd lange Anstiege, in der 2. Hälfte überwiegend abwärts. Wunderbare Eifelblicke über das Rurtal, auch Fotomotive.
Einkehr: Nur in Hirschrott und Erkensruhr, also Rucksackwanderung.

Karte: KOMPASS Nr. 757, Aachen und das Dreiländereck. Eifelverein Nr. 3, Monschauer Land-Rurseengebiet, oder Nr. 4, Scheiden-Gemünd, oder Nr. 50 Nationalpark Eifel.

Erkensruhr in der Gemeinde Simmerath und das gleichnamige Bachtal, gelegen an einer Stichstraße, die nur bis Hirschrott öffentlich benutzbar ist, werden mit ihrer naturnahen, bezaubernden Tallandschaft auch »Kleinwalsertal der Eifel« genannt. Die ausgedehnten Wälder zwischen dem Monschauer Heckenland und dort verführen von allen Seiten zum Wandern. Rursee-Touristik ▶ Tour 19.

NATIONALPARK EIFEL UND UMGEBUNG

Wandergruppe über dem Rurtal.

Eine Wanderung aus der Tallandschaft Erkensruhr ins Naturschutzgebiet Langerscheid.

Am unteren Ende des Parkplatzes auf dem Sträßchen über den **Erkensruhrbach** wechseln, kurz ansteigen, und links herum durch **Hirschrott** abwärts; bei **Finkenauel** über den Querweg, zuletzt hinab nach **Erkensruhr.** Rechts auf dieser Straße zur Kapelle. Gegenüber die Anliegerstraße hochsteigen, doch in die erste Querstraße nach rechts und auf dem Hangweg weiter.

An der folgenden Straßenkreuzung links ansteigen und nun diese Richtung 1,5 km beibehalten, bald Waldweg, nicht links abbiegen, zuletzt 250 m abwärts zu einer breiten Fahrwegkurve. Den Fahrweg wieder ansteigen. Oben über eine Wegekreuzung hinweg an der **Schutzhütte Wolfshövvel** vorbei, und nun 2 km mit Auf und Ab durch den Steilhang über dem Rurtal, vom **Eifelblick Wolfshügel** mehrfach mit Blick über Dedenborn, bis eine abschüssige, geteerte Waldstraße erreicht ist. Scharf links diese Straße hochgehen, jedoch am Schild »Unebene Fahrbahn« links auf den Waldweg einbiegen, und in dieser Richtung im **Rurberger Wald** bald bergauf bis zur Wegekreuzung mit Schilderstock an der höchsten Stelle. Rechts an der **Schutzhütte Fedder** vorbei noch ansteigen bis zur nahen Straßenkurve. Davor nach links in den Waldfahrweg abbiegen, auf dem es nun 3 km durch das **NSG Langerscheid** geht, zuletzt mit Gefälle bis zu einer Waldstraßenkurve. Auf dieser Straße weiter bergab, vom **Püngelbachtal** ins **Erkensruhrtal,** und dieses links abwärts zum Ausgangspunkt.

NORDEIFEL

24

Grünenthal – Imgenbroich – Belgenbacher Mühle

Im Monschauer Heckenland um die Rurschnellen

Ausgangspunkt: Wanderparkplatz im Grünental, unterhalb Widdau und Imgenbroich im Rurtal neben der Rurbrücke.
Gehzeit: Etwa 3 Std. (10 km).
Charakter: Urige Rundwanderung durch die Rurflanken, bergig und mit kurz auch steilen Wegstellen. Bergschuhe werden empfohlen.
Einkehr: Rucksackwanderung. Nächste Einkehr in Imgenbroich, Hammer oder Rohren.
Karte: KOMPASS Nr. 757, Aachen und das Dreiländereck. Eifelverein Nr. 3, Monschauer Land-Rurseengebiet, oder Nr. 50, Nationalpark Eifel.

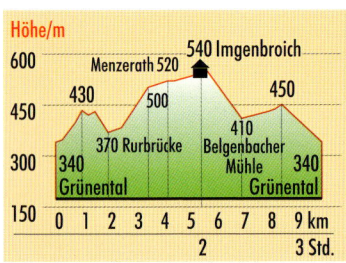

BELGENBACHER MÜHLE Die 1306 erstmals erwähnte Mühle war einst eine Bannmühle der Grafen von Jülich, die ab 1435 über Monschau bestimmten. Umliegende Dörfer mussten dort ihr Getreide mahlen lassen und entsprechende Abgaben leisten. Solche Zwangsrechte wurden später endgültig durch die erste Reichsgewerbeordnung abgeschafft. Monschau-Touristik ▶ s. Seite 24.

NATIONALPARK EIFEL UND UMGEBUNG

An den Rurschnellen nahe der Kluckbachbrücke.

Eine Bergwanderung durch das Naturschutzgebiet Obere und Mittlere Rur.

Dem Zeichen > folgen: Auf der Straßenbrücke über die **Rur,** und nach rechts erst im Tal, dann ansteigen; oben in der Feldflur links hoch, in den Querweg nach rechts und durch den Wald; wo der breitere Weg nach links aufsteigt, geradeaus in den Bergpfad, und von der **Pferdsley** ziemlich steil bergab; unten erst den **Kluckbach,** dann die Rur überbrücken; links noch etwa 300 m talaufwärts.

Rechts den Hang (ohne Markierung) ansteigen. In der **Menzerheck** auf dem Querweg nur links um die Kurve, dann erneut rechts hangaufwärts und nach **Menzerath,** am **Alten Evangelischen Friedhof.** Auf der Ortsstraße rechts bis vor das Ortsende (Katharinenwäldchen über den Menzerather Weihern).

Dort nach schräg rechts die Feldstraße hoch nach **Imgenbroich.** Schräg rechts über die »Grünentalstraße« in den »Belgenbacher Weg«, durch ein Wohngebiet. Anschließend Betonweg und im Wald bergab zur **Belgenbacher Mühle.** Von der Geschichtstafel rechts, über den Bach, und von der Kapelle talwärts, ab einer Verzweigung etwas höher. Vom Rastplatz am **Alsdorfer Bergmannskreuz** nach links (!), bald wieder bergauf in den Hang über dem **Drosselbach.** An der erreichten Wegabzweigung nach rechts und ins Tal, bald über den Drosselbach und nur noch talwärts bis zum Ausgangspunkt.

NORDEIFEL

▼ 25

Monschau – Perlenbach – Rur

Über Felsen und Höhen in urige Bachtäler

Ausgangspunkt: Großparkplatz Burgau (oder St. Vither Straße), gebührenpflichtig.
Bus/Bahn: Busverkehr von allen Richtungen, auch von den Bahnhöfen in Aachen und Eupen (Belgien).
Gehzeit: Etwa 4 Std. (13,5 km).
Charakter: Rundwanderung, streckenweise auf Bergpfaden, sonst gute Wanderwege. Wichtig sind Schuhe mit griffigen Profilsohlen!
Einkehr: Unterwegs nur in der Perlenau; also Rucksackwanderung.

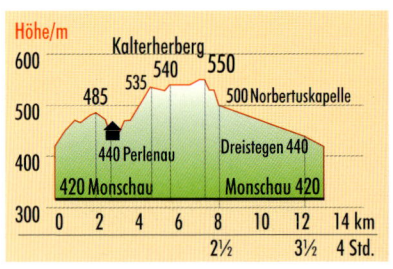

Karte: KOMPASS Nr. 757, Aachen und das Dreiländereck. Eifelverein Nr. 3, Monschauer Land-Rurseengebiet.

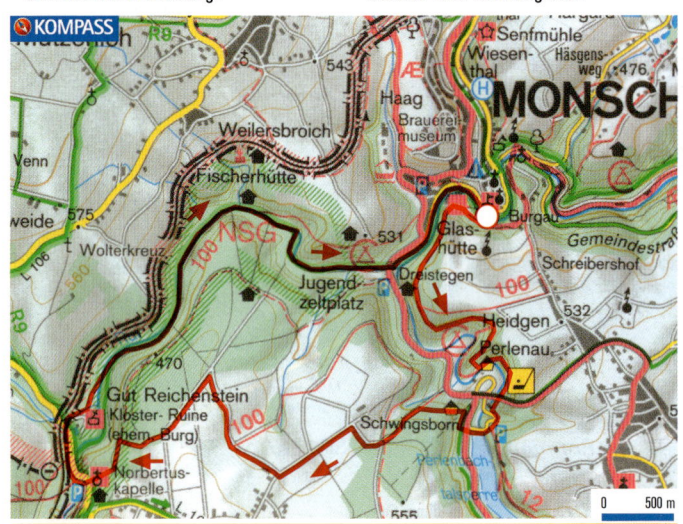

Monschau

Die Stadt am Hohen Venn, international besuchtes, malerisches Fremdenverkehrszentrum, in der Grauwackeschlucht von Rur und Laufenbach aufeinandergebaut, ist zugleich ein Tor zum Nationalpark Eifel. Der ungedeutete Name, 1198 als »monte joci« zuerst erwähnt, wird später in »Montjoie« verformt, und so hieß die Stadt, bis sie 1918 zwangsweise in »Monschau«

Rurbrücke und Rotes Haus in Monschau.

umbenannt wurde. Die mächtige Burg, in wechselndem Besitz und zum Schloss umgebaut, birgt heute eine Jugendherberge (zweite Jugendherberge: Hargard) sowie ein Altenheim und ist weithin bekannt durch das Stadttheater »Monschauer Klassik« im Burghof. Zahlreiche Sehenswürdigkeiten, so unter anderen: Dicht gedrängte Fachwerkhäuser, Rotes Haus (Patrizierhaus eines Tuchfabrikanten), berühmte Kirchen und Museen, schöner Marktplatz, Senfmühle, Glasbläserei. – Auch die zur Stadt gehörenden Ortschaften, Flusstäler und Wälder sind ein Magnet für Wanderer.

NATIONALPARK EIFEL UND UMGEBUNG

Im Naturschutzgebiet Rurtal.

Eine klassische Monschauer Berg- und Talwanderung.
Sie beginnt von der Zufahrt zum Parkplatz Burgau, unterhalb der Toiletten, am Hang auf dem Richtung Perlenau beschilderten Monschauer Nationalpark-Wanderweg, zugleich **Eifelsteig:** Ein paar Schritte den Fahrweg hinauf, links die Trittstufen hoch und den Bergpfad ansteigen; oben am Felsen **Teufelsley** vorbei zur **Engelsley** (Talblick); nach links in den zweiten, unteren Weg, der mit Auf und Ab am Steilhang etwa 800 m beibehalten wird; an einem Schilderstock (100) rechts auf den Bergpfad wechseln, der sich hinter Felsgraten senkt und gegenüber der Brücke zum Hotel **Perlenau** das **Perlenbachtal** erreicht; nach links dem Fluss entgegen, bald auch unter der Bundesstraßenbrücke hindurch zur Querstraße am **Wasserwerk;** nach links ein paar Schritte hoch, dann rechts ansteigen, auf dem rechten Weg zur **Perlenbachtalsperre.**
Auf Weg 100 über den Staudamm; die B 399 überqueren, an ihrem Rand abwärts, hinter der Verrohrung dann links abbiegen und Richtung Kalterherberg den Waldweg hinauf; oben von der Straßenkurve nach rechts.
Auf der Querstraße (ohne Markierung) nach links, durch die Quellsenke des **Hasselbaches** und ansteigen zum Ortsschild **Kalterherberg**. Dort nach rechts einbiegen und neben dem Gehöft weiter, durch ein Viehgatter (wieder schließen!) und zum Waldrand. Erneut auf Weg 100: Nach links über die Anhöhe; vom Wegetreff geradeaus auf den Waldrandweg, aber an dessen nächster Kurve geradeaus unter der Hochleitung den steilen Pfad absteigen, mit Blick auf Reichenstein zu

---

Monschau-Touristik
Stadtstraße 16,
52156 Monschau. Tel. (02472) 80480,
Fax (02472) 4534.
E-mail: touristik@monschau.de,
www.monschau.de.

Perlenbachtalsperre, erbaut 1953-55 mit einem Steinschüttdamm, 800 000 m³ Trinkwasser, Kraftwerk und Wasserausgleich. Hauptzufluss ist der Perlenbach; die Perlenfischerei stand ab 1435 den Grafen von Jülich als Hoheitsrecht zu. Der Fluss, im Oberlauf (die) Schwalm genannt, war auch früher von hohem wirtschaftlichem Interesse; denn die einstige Bedeutung des »Tuch-Dreiecks« Aachen-Eupen-Monschau beruhte auf den kalkfreien Wassern des Hohen Venn, die allein das natürliche Einfärben ermöglichten.

Norbertuskapelle mit den Bildnissen der Heiligen Norbert von Xanten und Hermann Josef von Steinfeld. Dies bezieht sich auf Reichenstein, zuerst Burg, 1120 dem durch Norbert von Xanten gegründeten Prämonstratenserorden geschenkt, zeitweilig Kloster und zu Steinfeld (siehe bei Tour 34) gehörig, heute Privatbesitz.

Naturschutzgebiete der Rur, Talflanken mit sog. Monschauer Schichten (Unterdevon, 400 Mio Jahre alt) und seltenen Schluchtpflanzen.

einem breiten Querweg; auf diesem nach links bis unterhalb der untersten Häuser von **Kalterherberg.** Dort (Achtung!) rechts den direkten Waldpfad hinunter, unten zur **Norbertuskapelle** und bis vor (!) die **Reichensteiner Brücke** über die **Rur.**
Nach rechts (Richtung Monschau) auf dem Fahrweg in das **Naturschutzgebiet Oberes und mittleres Rurtal** und vollständig talabwärts, 4 km bis zur B 258 an **Dreistegen,** wo Perlenbach und Rur zusammenfließen. Nach links die Rur überbrücken und auf dem Fußweg der Bundesstraße weiter, jedoch gegenüber der alten Tuchfabrik zur Talseite wechseln, mit der »St. Vither Straße« hinab nach **Monschau,** zum Ausgangspunkt.

Gebirgsbach Rur bei Monschau.

NORDEIFEL

26

Höfener Mühle – Fuhrtsbach und Perlenbach

Wildnarzissen-Wanderwege (I)

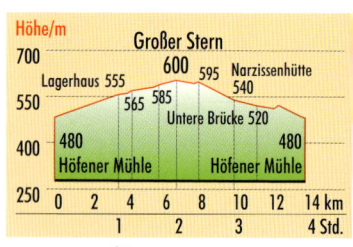

Ausgangspunkt: Wanderparkplatz Höfener Mühle, an der Straße »Mühlenweg« von Monschau-Höfen nach Kalterherberg im Perlenbachtal.
Gehzeit: 4 Std. (14 km).
Charakter: Rundwanderung durch Venn- und Tallandschaften, die ab etwa Mitte April durch weite Flächen blühender Wildnarzissen bezaubern. Langgedehnte Anstiege (fast 2 Std.), aber keine schwierige Wanderung.
Einkehr: Nicht unterwegs; nur Gaststätte »Perlbacher Mühle« in der Nähe des Ausgangspunkts.
Karte: KOMPASS Nr. 757, Aachen und das Dreiländereck. Eifelverein Nr. 3, Monschauer Land-Rurseengebiet.

Wanderung durch die naturgeschützten Talauen im deutsch-belgischen Grenzgebiet.
Der Markierung < folgen: Vor der Straßenbrücke links in den Wald und dem **Perlenbach** entgegen; den **Fuhrtsbach** überbrücken und nach links sein Tal etwa 3 km aufwärts bis zur Teerstraße an einem **Lagerhaus;** ein paar Schritte links, am Schilderstock rechts und noch 900 m das Tal hoch, bis hinter die 2. Brücke; dort rechts den Talgrund **Döppeskaul** hinauf.
Mit der Waldstraße »Führtgesweg« rechts durch den Quellgrund, ansteigen und dann gerade zum **Großen Stern,** wo die Staatsgrenze mit Eisenpfählen angezeigt wird. Nach rechts in den schneisenartigen Waldweg, in der Verlängerung Fahrweg, der bald links knickt, und nach diesem Knick die Richtung beibehalten bis

Wildnarzissen.

zur **Jägersiefstraße** (vor einer Schutzhütte). Nach links und diese Straße vollständig abwärts gehen, bis zur **Narzissenhütte** im Perlenbachtal. An dieser rechten Bachseite nun stets talwärts wandern: Etwa 1 km noch Fahrweg; neben der **Unteren Brücke** (Pfaffensteger Brücke) vom Teerweg links auf dem Talweg weiter, der später kurz nochmals ansteigt, sich dann wieder senkt. Am Ende auf den Hinweg, also den Fuhrtsbach überbrücken und links (!) auf dem Waldweg neben dem Perlenbach wieder zum Ausgangspunkt.

WILDNARZISSEN

Der Naturschutz in diesem deutsch-belgischen Grenzgebiet dient den in ihrer Art einmaligen Tal- und Vennlandschaften, die alljährlich gegen Ende April bis Anfang Mai – je nach Witterung – durch tausende blühender Wildnarzissen verzaubert werden. Die Blumen dürfen weder gepflückt noch ausgegraben werden!

Die kleine, aber intensiv gelb blühende Wildnarzisse (botanisch: Narcissus pseudonarcissus) liebt feuchte und sumpfige, waldfreie Böden. Nach Süden hat sie sich um den Perlenbach, in Belgien Schwalm genannt, und die Quellgründe bis nahe Rocherath ausgebreitet, noch weiter südlich mit großen Flächen auch im Olef- und Jansbachtal. Östlich ragt ihr Verbreitungsgebiet bis weit in den Nationalpark Eifel. Insgesamt handelt es sich um die größten Wildnarzissengebiete Mitteleuropas. Das hier begangene Wandergebiet gehörte geschichtlich zum karolingischen Unterwald, der 1435 mit Monschau unter die Hoheit der Grafen von Jülich kam, die als Hoheitsrecht auch allein die Perlenfischerei ausüben durften.

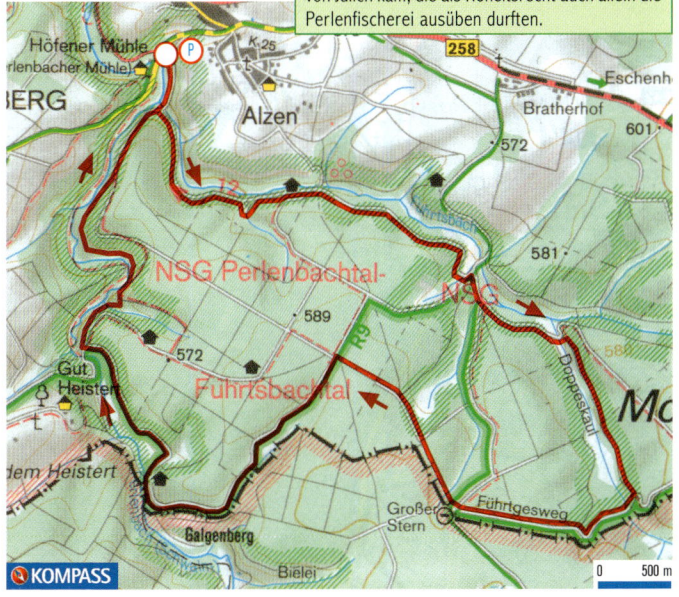

NORDEIFEL

27

Wahlerscheid – Rothe Kreuz – Fuhrtsbach
Wildnarzissen-Wanderwege (II)

Ausgangspunkt: Wanderparkplatz Wahlerscheid, an der B 258 (Monschau-Schleiden), nahe der Abzweigung nach Rocherath-Malmedy. – Möglich ist auch der Parkplatz Rothe Kreuz; siehe Beschreibung.
Gehzeit: Etwa 3½ Std. (13 km).
Charakter: Rundwanderung durch weite Wälder und durch vennartige Bachtäler, in denen ab etwa Mitte April die Wildnarzissen in Blüte stehen. Nur feste und keine steilen Wege.
Einkehr: Nicht unterwegs; Rucksackwanderung.
Karte: KOMPASS Nr. 757, Aachen und das Dreiländereck. Eifelverein Nr. 3, Monschauer Land-Rurseengebiet.

Eine Wanderung im Westen des Nationalparks Eifel.
Vom Ausgangspunkt die B 258 überqueren, 50 Schritte nach rechts, dann links (Mark.: >) in den Wald. Nach einer Linkskurve (Mark.: ◄) im **NSG Wüstebachtal** 2,5 km talwärts, bis zur 2. Wege-

Fuhrtsbachtal, Teich mit Wildnarzissen.

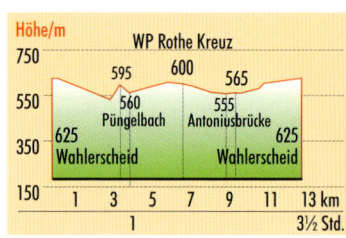

NATIONALPARK EIFEL UND UMGEBUNG

kreuzung; dort links bergauf, oben über den Querweg gerade hinweg und wieder abwärts, bald neben Kastanienbäumen. Im **Püngelbachtal** schon vor dem großen Teich nach links auf urigem Weg talaufwärts. Am Ende auf dem breiten Querfahrweg nach rechts und in die ansteigende (linke) Strecke. Oben auf der Straße nach links zum **Wanderparkplatz Rothe Kreuz.**

Die B 258 überschreiten und ins **NSG Fuhrtsbachtal.** Nach 300 m Links- und Rechtskurven. Am **5-Wege-Kreuz** über den Querweg (Bänke, Schild) leicht nach links in den Fahrweg, der sich später senkt. Unten rechts im Hang über dem Bachgrund weiter. Am Ende auf dem Teerweg mit der **Antoniusbrücke** über den Fuhrtsbach. Am Schilderstock nach links und nun nur noch der Markierung > folgen: Talaufwärts über eine Brücke und bis hinter die nächste Brücke; rechts im **NSG Döppeskaul** den Talgrund hoch; oben links in die Waldstraße »Führtgesweg«, die nach etwa 2 km wieder den Ausgangspunkt erreicht.

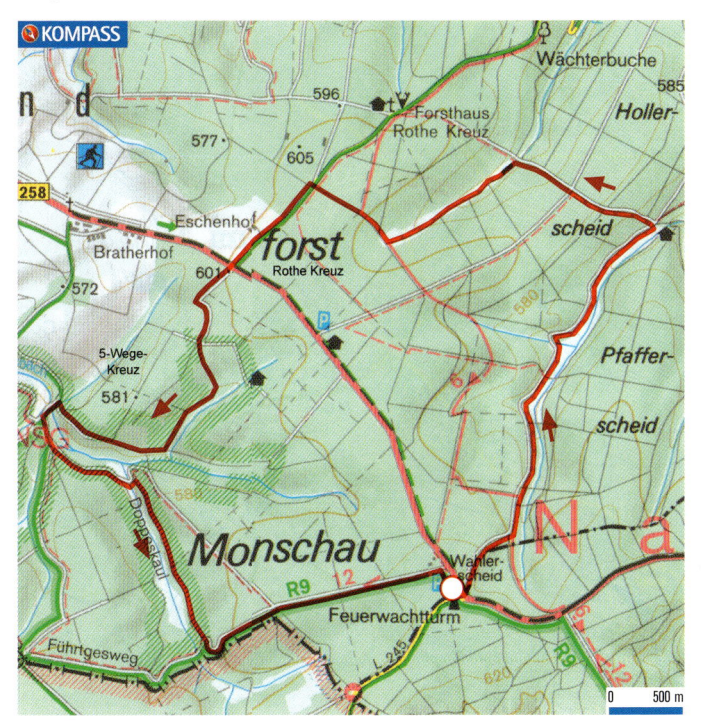

NORDEIFEL

28

Schleiden – Wildfreigehege

Nach Hellenthal und um Bronsfeld

Ausgangspunkt: Parkplatz nahe der Olefbrücke (B 258), neben der Kirche, oder die nahe Bushaltestelle.
Bus/Bahn: Busverbindung vom Bahnhof Kall (Köln-Trier) über Gemünd sowie von Simmerath (Aachen und Monschau).
Gehzeit: Etwa 3½ Std. (12 km).
Charakter: Leichte Rundtour, überwiegend auf festen Wegen, zu einem weithin bekannten Wildfreigehege. Für die Freiflugvorführungen kann ein Fernglas von Vorteil sein.
Einkehr: Im Wildfreigehege.

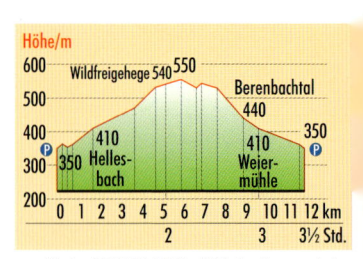

Karte: KOMPASS Nr. 757, Aachen und das Dreiländereck, oder Nr. 836, Schneifel-Ahreifel. Eifelverein Nr. 4, Schleiden-Gemünd.

Diese auch für Familien interessante Wanderung beginnt durch das verkehrsberuhigte Stadtzentrum auf Weg 4 (auch ▶): Vom Markt »Vorburg« hinauf; gegenüber der Schlosskirche links, und unterhalb der Schlossmauern links abwärts zur K 65, die nur überschritten wird; der **Olef** entlang an den Schulen vorbei; vom Ende dieses Uferweges die Tritte hoch, nach links und durch den Steil-

WILDGEHEGE HELLENTHAL

Neben heimischen Wildarten ist das Gehege vor allem bekannt durch eine Greifvogelstation mit täglichen Freiflug- und Fütterungsvorführungen.
Wildgehege: Tel. (02482) 2292, Fax (02482) 2212.
Verkehrsamt Hellenthal, Rathausstraße 2, 53940 Hellenthal. Tel. (02482) 85115, Fax (02482) 85114.

NATIONALPARK EIFEL UND UMGEBUNG

hang; zuletzt abwärts zum Waldstraßentreff am **Hellesbach.** Vor der Bachbrücke bleibend auf Weg 4 das Hellesbachtal aufwärts. Wo oben Weg 4 nach scharf rechts schwenkt, weiter talaufwärts, am unteren Wiesenrand über das verrohrte Gewässer, ein wenig bergab, dann auf dem Hauptweg ein mit Erlen bestandenes Quelltal hinauf. Oben rechts über die L 159 zum **Wildfreigehege.**

Der Rückweg beginnt am Parkplatzgelände nahe der Einfahrt, und zwar nach links auf dem schnurgeraden Feldweg zum Kiefernwald Herrensheck (zur Linken ein großer Wasserbehälter). Vor dem Wald nach rechts, erneut über die L 159 und am Ludwigshof vorbei bis vor die Straße am Dellenhof. Rechts neben dieser K 65 auf den Feldweg, bis nach 300 m, am **Schorrenberg**, wieder der Wanderweg 4 kreuzt. Mit diesem links über die Straße und abwärts. Dann vor dem Wald 900 m nach rechts. Dort auf den von vorne schräg rechts kommenden Feldweg nach scharf links einbiegen und im Wald hinab ins **Berenbachtal.** Dieses Tal unten ganz abwärts, tiefer mit einer Waldstraße (A 4), die später über den Bach kreuzt, bis zur Teerstraße neben **Weiermühle.** Diese rechts etwas bergan und geradeaus auf Weg 4 und 6 zurück: Am Campingplatz vorbei, im Hang über dem **Dieffenbachtal** durch den **Kammerwald** zum **Ehrenfriedhof,** und vom Schloss durch **Schleiden** auf dem Hinweg zum Ausgangspunkt.

Wanderweg bei Schleiden mit »Eifelgold« (Ginster).

SCHLEIDEN

Die Stadt, zu deren Gebiet weite Teile des Nationalparks Eifel gehören, wird 1179 als »Sleida« (Schleide = Abhang) zuerst erwähnt. Das Schloss (ab 12. Jh.) ist heute Seniorenresidenz und Altenpflegeheim. Die katholische Pfarrkirche (ab 1516) entstand an der Stelle einer früheren Kapelle (1230). Weithin bekannt wurde Schleiden durch den Juristen Johannes Philipps (1506-1556), der sich nach seinem Geburtsort »Sleidanus« (der Schleidener) nannte und die erste protestantisch-lutherische Darstellung der Reformation verfasste. Die schöne Altstadt lohnt einen Rundgang.
Touristik Schleidener Tal, Haus des Gastes, Kurhausstr. 6, 53937 Schleiden-Gemünd. Tel. (02444) 2011, Fax (02444) 1641. E-mail: info@gemuend.de; www.gemuend.de.
Nationalparkforstamt Eifel,
Urftseestr. 34, 53937 Schleiden-Gemünd. Tel. (02444) 95100.

NORDEIFEL
29

Mechernich-Kommern – Satzvey – Burgfey
Vom Hochwildpark Rheinland um das Veytal

Ausgangspunkt: Kommern-Süd, Bushaltestelle und Parkflächen am Hochwildpark.
Bus/Bahn: Busverbindung vom Bahnhof Mechernich (Köln – Trier).
Gehzeit: 2 Std. (8 km).
Charakter: Leichte Rundtour, überwiegend durch Wald, auch für Familien mit Kindern.
Einkehr: Gaststätte am Hochwildpark, auch für große Gruppen.
Karte: KOMPASS Nr. 758, Köln-Brühl-Bonn-Ahrtal. Eifelverein Nr. 5a, Mechernich-Kommern.

Hochwildpark Rheinland, 3 Wanderparks mit Freigang zwischen den Wildtieren, zu denen auch Elche zählen; Kleintiere, Streichelgehege, Abenteuerspielplatz und Gaststätte.
Satzvey mit einer stolzen Burg aus dem 14. Jh., auf der bedeutende Ritterspiele abgehalten werden.
Katzvey: Die Bezeichnung »Katz....«bedeutet soviel wie »kleine Burg«.
Burgfey war ein Rittersitz, der bereits im 12. Jh. als Besitz der Grafen von Blankenheim genannt wird.
»Vey« oder »Fey«: Der Name stammt von den römischen Matronen »Fachinehae« und verformte sich zu Facha – Veja – Vey. So wurde der Ort Eiserfey bereits 867 n. Chr. als »villa feia« beurkundet.
Römerkanal ▶ Tour 34.
Touristik-Agentur Mechernich, Tel. (02256) 958961, Fax (02256) 958965. E-mail: info@erlebnisstrasse.de.
Stadtverwaltung Mechernich, Bergstraße, 53894 Mechernich. Tel. (02443) 49-0, Fax (02443) 49-199. E-mail: info@mechernich.de.

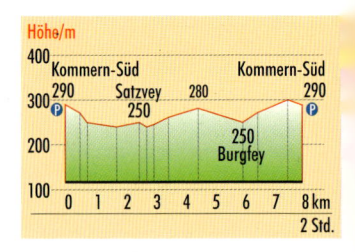

Ein Rundgang durch den weitläufigen Hochwildpark kann mit dieser Wanderung ergänzt werden. Vom Ausgangspunkt die Straße abwärts gehen und auf Weg 2: Links nach **Katzvey** mit der Straße »Am Wald«; im Ort »An den Teichen« rechts, »Im Driesch« links, »Am Flüßchen« abwärts; den untersten Häusern entlang, jedoch an der Linkskurve dieses Weges nach rechts auf den Waldpfad im **Veytal;** zur Bahnbrücke (über den Veybach) kurz absteigen und neben den Bach; in **Satzvey** durch die Straße »Am Wasserfall« bis Haus Nr. 1; hinter diesem Haus die Treppen hinunter.

Vor dem Veybach nach rechts und nun dem Zeichen > folgen: Nacheinander über den Bach, die Bahn und die L 61; im Wald (NSG) neben dem **Siefenbach** ansteigen; fast oben, an einer Wegekreuzung nach rechts abbiegen und geradeaus durch den **Mechernicher Wald,** später eine Strecke weit

KALKEIFEL / AHREIFEL

Hochwildpark Rheinland bei Kommern.

zugleich als **Römer-kanal-Wanderweg** gekennzeichnet; zuletzt abwärts, vor Schloss Burgfey mit der L 61 nochmals über den Veybach, rechts abbiegen und in **Burgfey** bergan; oberhalb der Gebäude, vor der **tausendjährigen Eiche,** wieder rechts abbiegen und noch um den Weiher. Am Teichende nach rechts und im Wald ansteigen. Vom Tennisplatz bis vor die **Siedlung Kommern-Süd.** Nach rechts und auf dem Randstreifen der Kreisstraße rechts abwärts, zurück zum Ausgangspunkt.

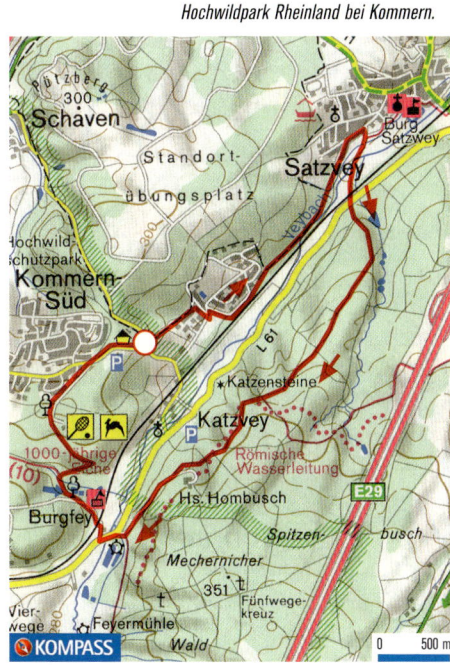

NORDEIFEL

30

Vussem – Kartstein – Römerkanal

An der Römischen Eifelwasserleitung im Stadtgebiet Mechernich

Ausgangspunkt: Parkplatz am Römischen Aquädukt (Titusstraße, Zufahrt ab der B 477 im Ort beschildert).
Bus/Bahn: Verbindung vom Bhf. Mechernich.
Gehzeit: 3 Std., ohne Besichtigungen (12 km).
Charakter: Rundtour, überwiegend feste, teils auch geteerte Wege. Einige Steigungen und Gefälle, insgesamt aber nicht schwierig.
Einkehr: An der Strecke nur in Eiserfey.
Karte: Keine KOMPASS-Karte. Eifelverein Nr. 5a, Mechernich-Kommern.

Wanderung zu historischen Zielen. Oberhalb des Aquädukts ist links von Tafel 15 über eine Treppe die Bauleistung der Römer zu besichtigen.
Wir folgen dem gekennzeichneten **Römerkanal-Wanderweg:** Vom

Römerkanal bei Eiserfey.

Parkplatz auf den Sportplatz, gleich rechts am Spielfeldrand vorbei und den Pfad hoch zum Friedhof; nicht links oder rechts, vielmehr die Feldstraße abwärts; an der Abzweigung weiter unten nach links durch den Hang über dem **Altebachtal,** wo der Verlauf der **Römischen Eifelwasserleitung** als Buckel in der Wiese, später aufgeschnitten neben dem Weg zu erkennen ist; in

Eiserfey nach rechts »Im Wiesental« über den Bach zur B 477. Diese Richtung Vollem nur überqueren, sofort links »Alter Weg« durchgehen. Von dessen Ende (unterhalb der Kirche, B 477) ein paar Schritte nach rechts, vor der Bushaltestelle rechts »Zur Kakushöhle« abbiegen. Hinter Haus Nr. 16 (Schild) rechts den Wiesenhang hinauf und den **Kartstein** ansteigen. Von einer Abzweigung des Bergpfades kann links (unterer Weg) an den **Kakushöhlen** vorbei bis zum Parkplatz (Haus) gestiegen oder nach rechts (oberer Weg) über den **Abschnittswall** gegangen werden.

Die Wanderung setzt sich ab dem Parkplatz (Haus) mit der Mark. > fort: Die Stufen ansteigen, oben nach links durch Gebüsch, am Feldrand nach rechts, doch in den nächsten Feldweg nach links und über den Höhenzug (ein Hof bleibt links) zur **Kirche Weyer**; in Richtung Friedhofsmauer über die Kreuzung hinweg in eine Feldstraße, doch in den nächsten Feldweg nach rechts und (Beton-Elektromast) hinab nach **Urfey**.

Zur Dorfmitte (Bushaltestelle), dort scharf rechts abbiegen, gleich links auf Weg 8: Den Hangweg hoch; über dem **Veytal** dem Waldrand entlang; in einen Waldeinschnitt einbiegen. Ab dort wieder auf dem Römerkanal-Wanderweg: Nach rechts und mit der Hahnenberger Straße bis vor ein Haus, rechts Treppen hinab zur **Römischen Quellfassung Klausbrunnen;** die Talstraße aufwärts bis eingangs ihrer Linkskurve (unterhalb Kallmuth), dort scharf rechts den Waldweg ansteigen; am oberen Ende einer Waldfreifläche rechts haltend abwärts; nach Austritt aus dem Wald im Bogen hinter dem **Eulenberg** (Kreuz) vorbei und oberhalb **Vollem** entlang; von der Straßenabzweigung (Bänke) abwärts, aus der Kurve der aus dem Tal heraufziehenden Straße wieder links abbiegen und Feldweg hinan, bis hinter Tafel 13 (Römerkanal-km 20,6).

Von dort geradeaus am Hang bleiben und auf Weg 7: Durch Gebüsch zum Waldende; vom Beginn einer Feldstraße (Blick auf Lorbach und Bergheim) sofort rechts bergab zur K 77; oberhalb des Bildstocks von 1757 mit der Anliegerstraße nach **Vussem**, »Harterweg«. An der Kapelle über die B 477, mit dem »Keilbergweg« bis über den Veybach. Oberhalb des Gehöftes nach links ansteigen, auf dem Hinweg hoch zum Friedhof und zurück zum Ausgangspunkt.

Mechernich erhielt seinen Namen von der keltogermanischen Bergarbeitersiedlung »Macriniacum«. Über den Bleiberg verlief die Römerstraße Trier – Marmagen – Köln. **Römische Eifelwasserleitung Nettersheim – Köln** s. Tour 34. Dieser sog. Römerkanal überbrückte in Vussem das Veybachtal auf 75 m Breite; der Aquädukt stand auf 14 Pfeilern. Von Ufery und von Weyer kamen Nebenquellen in den Römerkanal, Wasser lieferte zudem die Quellstube »Klausbrunnen« (2. Jh.).
Kartstein mit Kakushöhle wurden bereits in der Altsteinzeit (70 000 v. Chr.) von Menschen bewohnt. Hinweis auf die Anschlagtafeln im Naturschutzgebiet. Dort auch ein »barrierefreier Wanderweg« (für Behinderte).
▶ Touristik-Agentur Mechernich s. Tour 29.

NORDEIFEL

31

Bad Münstereifel – Effelsberger Weg – Forstlehrpfad

Aus der Stadt durch die Waldberge

Ausgangspunkt: Großparkplatz neben der Schleidtalstraße, unter der auf Pfeilern stehenden B 51, oder der nahe Bahnhof.
Bus/Bahn: Voreifelbahn Bonn-Euskirchen-Bad Münstereifel. Busverkehr von allen Richtungen.
Gehzeit: Etwa 3 Std. (10,5 km).
Charakter: Bergige, etwas anstrengende Rundtour auf zumeist festen Waldwegen.
Einkehr: Nur in der Stadt, Wegzehrung mitnehmen!

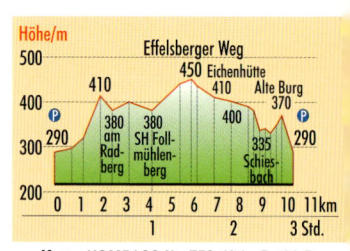

Karte: KOMPASS Nr. 758, Köln-Brühl-Bonn-Ahrtal. Eifelverein Nr. 7, Bad Münstereifel.

Bad Münstereifel

Die Stadt im Erfttal, auch »Rothenburg der Eifel« genannt, entstand aus einem 830 gegründeten Kloster (Münster) der Abtei Prüm. Stadtrechte 1298 erstmals bezeugt. Stadtbefestigung durch die Grafen von Jülich (um 1300). Zwischen den Stadttoren eine anheimelnde Innenstadt, die meistbesuchte »Freizeitstadt« der Eifel. Erholungs- und Kneippkurort, berühmte Kirchen und Museen, bedeutende Schulungsstätten. Zur Stadt gehören 52 Ortschaften und ausgedehnte Waldungen.

Kurverwaltung/Tourist-Information
Kölner Str. 13 (Bahnhof), 53902 Bad Münstereifel, Tel. (02253) 542244, Fax (02253) 542245, E-mail: touristinfo@bad-muenstereifel.de

Vom Parkplatz zunächst die **Erft** überbrücken, nach links durch die »Kölner Straße« am Bahnhof vorbei und durch das **Werther Tor** in die anheimelnde Innenstadt. Neben der Erft aufwärts; Richtung Jugendherberge abbiegen, neben der Jesuitenkirche St. Donatus die »Delle« hinauf, auch durch das

KALKEIFEL / AHREIFEL

Fachwerkhäuser im Stadtkern von Bad Münstereifel.

Johannistor und die B 51-Unterführung. Dahinter sogleich links auf Weg 3: »Roderter Kirchweg« hoch bis Parkplatz Dachsbau (zur Rechten); gerade am Waldcafé Dachsbau vorbei ansteigen, im vollständigen Bogen auch um den **Judenfriedhof;** bald wieder die Straße »Roderter Kirchweg«, aber nur noch bis zum Anblick der Kreuzwegstation IX, dort geradeaus (Schranke) in den Waldfahrweg am **Radberg.**

In der engen Linkskurve Weg 3 verlassen und in den sich senkenden Waldweg 4 wechseln: Mit Auf und Ab um den Waldvorsprung **Felsennest** und, am Hang über dem Erfttal bleibend, auch noch um den nächsten Waldvorsprung; von der **Schutzhütte Follmühlenberg** noch 80 m abwärts, aber in den nächsten Weg zur Linken einbiegen und diesen **Linderjahnweg** stets gerade ansteigen (Tal bleibt rechts) bis oben zur Rechtskurve. Dort nun links (Reviere 212 und 216) abbiegen und bis zum Waldrand gehen. Rechts auf Weg 100 zum **Effelsberger Weg.**

Nach rechts, aber hinter dem Forsthaus links in den **Forstlehrpfad:** Weg 100 durch den Quellgrund des Schiesbaches und gerade ansteigen, über den querenden Waldfahrweg hinweg; ab **Eichenhütte** nach rechts und nur noch Weg A 3 folgen bis zur **Buchenhütte,** dann abwärts zum **Wanderparkplatz Schiesbach** an der »Heckenbergstraße«.

Gegenüber der Grillhütte rechts (Richtung Ringwall) in den ansteigenden Weg 1 (auch 100): Hangaufwärts; von der nächsten Abzweigung wieder etwas bergab, auch am **Ringwall Alte Burg** (Bodendenkmal) vorbei; von der tieferliegenden Abzweigung ins **Schleidbachtal,** das »Am Quecken« nahe dem Ausgangspunkt erreicht wird.

NORDEIFEL

32

Bad Münstereifel: Rund um Nöthen

Zum »Heidentempel« und durch die Naturschutzgebiete

Ausgangspunkt: Wanderparkplatz Nöthener Tannen, neben der höchsten Stelle der L 165 (nach Nettersheim oder Mechernich).
Gehzeit: 3½ Std. (14 km).
Charakter: Rundwanderung, überwiegend auf festen Wegen, anfangs durch Wald, später mehr durch offenes Land. Zur Zeit der Orchideenblüte (ab Mai) viele seltene Fotomotive.
Einkehr: Keine; Rucksackwanderung.
Karte: KOMPASS Nr. 758, Köln-Brühl-Bonn-Ahrtal. Eifelverein Nr. 5, Nettersheim/Kall, oder Nr. 7, Bad Münstereifel.

KALKKUPPEN

Die von Nordosten nach Südwesten verlaufende, 120 km lange Kalkeifel entstand durch die »Eifeler Meeresstraße«, die im Mitteldevon, vor 380 Mio Jahren, zwischen dem Nordatlantischen Kontinent und der Mitteleuropäischen Insel den Raum des heutigen Rheinischen Schiefergebirges überspülte, für 60 Mio Jahre ein subtropisches Flachmeer (Eifelmeer) bildete, und die außer Schiefer als Ablagerung mächtige Kalkschichten und sogar ein großes Korallenriff hinterließ. Versteinerte Relikte vieler Pflanzen und Tiere bezeugen diese Epoche der Erdgeschichte. Zur eigenwilligen Flora der Kalkböden zählen im Wandergebiet vor allem die vielen Orchideenarten. Die von ihnen für ihre Fortpflanzung benötigten Bodenpilze gedeihen auf den Kalkmagertriften besonders gut. Viele Orchideen, insbesondere etliche Arten von Knabenkraut, können im Mai bevorzugt neben dem Wanderweg am Hirnberg beobachtet werden. Das Naturschutzgebiet »Eschweiler Tal und Kalkkuppen« sorgt für den Erhalt dieser Landschaft.
Bad Münstereifel ▶ Tour 31.

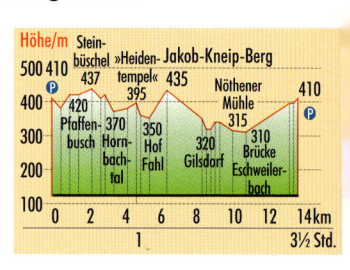

Eine vor allem naturkundlich interessante Wanderung im Nordosten der Kalkeifel.

Wir starten auf dem **Ahr-Venn-Weg** (Mark. >, später auch zum »Heidentempel« beschildert): Zunächst am Waldrand abwärts; nach 2,5 km über eine Querstraße und am Parkplatz Pfaffenbusch geradeaus; durch den Quellgang des **Üsselbaches** und durch das **Hornbachtal,** dann stärker bergauf zum sog. **Heidentempel,** dem **römischen Matronentempelbezirk** auf dem **Addig;** hinter der Schutzhütte abwärts zum Parkplatz am **Wespelbach.**

Von dort auf Weg A 1 talabwärts. Am Parkplatz Hornbachtal neben der **Hofsiedlung Fahl** über die L 206 und den Feldweg (1) ansteigen, der nach Rechtsknick auf den **Jakob-Kneip-Berg** hochschwenkt. Nun nach rechts – mit grandiosem Landblick – durch das **NSG Kalkkuppen** und abwärts. Am Ende dieser Feldstraße

KALKEIFEL / AHREIFEL

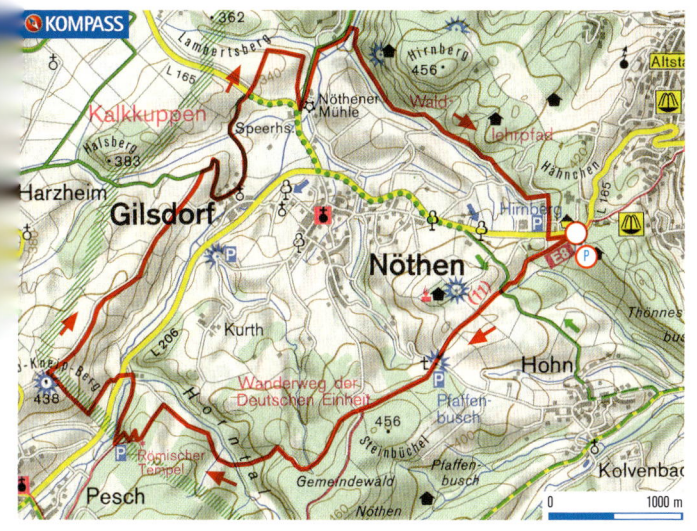

auf der Querstraße nach rechts durch deren Kurve, unmittelbar hinter dieser Kurve jedoch links abbiegen, den Feldweg zwischen Wiesenzäunen hinunter zum letzten Haus von **Gilsdorf.** Scharf nach links und auf der Feldstraße bald über eine Brücke, unterhalb des **NSG Halsberg,** und aufsteigen zur L 165, die vorsichtig überquert wird. Auf dem Feldweg bis vor einen Talgrund, dort rechts und bald zurückschwenken bis nahe der Landstraße. Hier nach scharf links, oberhalb **Nöthener Mühle** entlang mit der Stromleitung in das **Eschweilerbachtal.** In diesem Talgrund bleiben, von der Abzweigung rechts und bis zum Anfang des **NSG Eschweilertal.**
Hier nach rechts über die Bachbrücke und nach rechts ein Seitental aufwärts, erst am Rand des Naturschutzgebietes, ab einer Kreuzung mit Tafel in bisheriger Richtung am Waldrand des **Hirnberg** und **Hähnchen,** hinauf zum bebauten »Hirnbergweg«. Nach rechts und ab dem Parkplatz Hirnberg mit der L 165 aufwärts zum Ausgangspunkt.

Familienwandern im Eifelwald.

NORDEIFEL

33

Effelsberg – Decke Tönnes – Michelsberg
Wanderziele im Bad Münstereifeler Wald

Ausgangspunkt: Wanderparkplatz Radioteleskop, Zufahrt von der L 234 beschildert.
Möglich sind auch die Wanderparkplätze Decke Tönnes (zur nahen Kapelle und 100 m in Richtung Altenahr) und Bleielsnück (L 113, am Wanderweg).
Bus: Werktags von Bad Münstereifel bis Haltestelle Johannes-Keppler-Straße/Hartgesgasse.
Gehzeit: 4 ½ Std. (17,5 km).
Charakter: Rundwanderung, verläuft überwiegend durch Wald, auch auf nicht markierten Wegen. Teilstrecken können bei Nässe matschig werden. Vor Holzem kurzer Grasweg. Feste, hohe Wanderschuhe werden empfohlen.
Einkehr: Nicht unterwegs; Rucksackwanderung. Kiosk am Ausgangspunkt; Gastronomie im Ort Effelsberg.
Karte: KOMPASS Nr. 836, Schneifel-Ahreifel, oder Nr. 758, Köln-Brühl-Bonn-Ahrtal. Eifelverein Nr. 7, Bad Münstereifel.

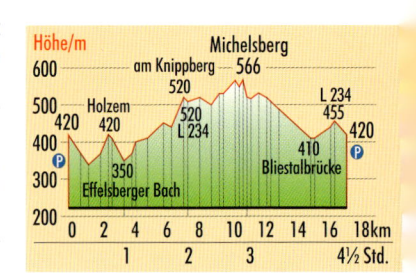

Radioteleskop Effelsberg.

KALKEIFEL / AHREIFEL

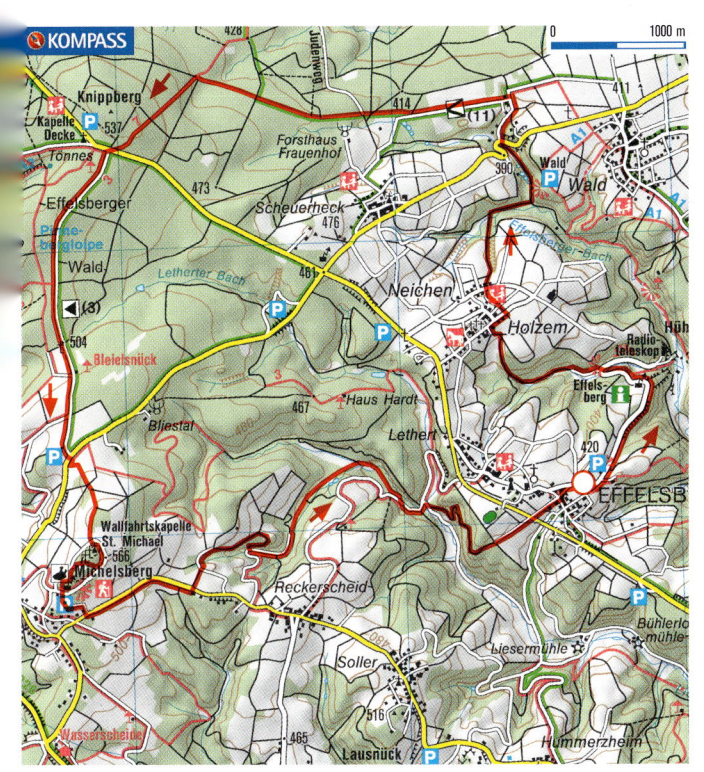

Eine zünftige Tageswanderung bis auf den höchsten Berg im Stadtgebiet.

Von der Mitte des Parkplatzes in den zum Radioteleskop beschilderten Fußweg, zum Kiosk und die Straße (Planetenweg am Eifelobservatorium) abwärts. Am Informationspavillon über dem **Radioteleskop** gibt es Schriftblätter und eine DVD-Präsentation; unterhalb ein Aussichtsplateau. Die Straße weiter abwärts bis zur engen Rechtskurve im

RADIO-OBSERVATORIUM EFFELSBERG

Diese Einrichtung des Max-Planck-Instituts für Radioastronomie Bonn ist eine der größten ihrer Art in der Welt. Das Radioteleskop steht auf 154 Betonpfeilern, ist 3200 Tonnen schwer und hat einen Parabolspiegel von 100 m Durchmesser. Empfangen werden Signale aus bis zu 15 Milliarden Lichtjahren Entfernung. Besucherpavillon, Bild-Ton-Vorführung und Aussichtsplateau sind frei zugänglich. Anfragen zu den Informationsvorträgen: Tel. (02257) 301101 (vormittags), oder Fax (02257) 301105.

KALKEIFEL / AHREIFEL

> **DECKE TÖNNES**
>
> Richtig »dicker Antonius« wird eine vermutlich im 15. Jh. im Kloster Steinfeld gefertigte Statue des heiligen Antonius von Ägypten genannt, die in der Kapelle an der L 234-Kurve neben dem gleichnamigen Wanderparkplatz steht.

Rötzelbachtal. Hinter der Bachverrohrung links (ohne Markierung) dieses Tal nun etwa 500 m aufwärts. An der Stelle, an der dieser Weg über den Bach schwenken will, rechts – neben einem Seitentalgrund – stark ansteigen, oberhalb der Waldgrenze in Wiesen links nach **Holzem**. Im Ort nach rechts; Bushaltestelle und Postkasten links lassend in den Wirtschaftsweg, aber hinter der Freileitung an der Wegekreuzung (Telefonmast 6) links einbiegen, den geteerten »Hasselweg« abwärts. Am »Buchenkreuzweg« nicht nach Neichen, vielmehr geradeaus den Feldweg hinab, unten talwärts bis der **Effelsberger Bach** überbrückt ist. Dessen Tal nun aufwärts. Die Kurve der L 113 nur nach rechts überschreiten und geteert **Kempensiefen** hinauf; oben nach links, am **Gedenkkreuz** (1995) nochmals links, und so von Kempensiefen auf den **Ahr-Venn-Weg** (Mark. >): 800 m geradeaus und in den Wald; an einer Linkskurve der Waldstraße (Bank, Achtung!) rechts in den Waldpfad wechseln, in dieser Richtung bald einen Querweg und eine Forststraße überqueren; schneisenartig 1 km weiter, auch über eine breite Fahrwegkreuzung hinweg und in ein Tälchen; dort aus einer Rechtskurve nach links ansteigen, 40 m weiter nochmals links (auch Weg 7) und (Obacht geben!) auf einem leicht übersehbaren Pfad um die linke Hangseite des **Knippberges** steigen.

Die erreichte L 234 nach rechts nur überqueren, und (Schranke) in den **Lieser-Mosel-Weg** (Mark. ▶): 2 km Fahrweg im **Effelsberger Wald**, dann hoch zur **Schutzhütte Bleielsnück**; Teerweg zum **Wanderparkplatz Bleielsnück**; rechts in die Kurve der L 113, dort links den **Michelsberg** ansteigen; oben vom Waldkranz (Rastplatz, Fernsicht) rechts wieder etwas abwärts, dann die Querstraße ansteigen; auf der Höhe rechts in Stufen hinauf zur **Wallfahrtskapelle St. Michael.**

Hinter der Kapelle den steilen Teerweg abwärts bis zur Wandertafel an einer Kreuzung, dort über die Querstraße hinweg und über den Parkplatz gehen, anschließend oberhalb von Hausgrundstücken weiter zur K 50. Mit dieser Reckerscheider Straße links über ihren höchsten Punkt; am Mandelweg und auch an der Siedlung Gödderz vorbei; erst gegenüber einem rechts im Wald stehenden Haus nach links in den von Fichten gesäumten Feldweg wechseln. In den querenden Fahrweg nach links, und abwärts, gleich über eine Quellschlucht des **Ohlertsiefen**, dann links dieser Schlucht bleiben bis zur Waldecke vor einer Wiese. Hier rechts 60 m

Michelsberg

Auf dem Berg befand sich zur Germanenzeit eine Richtstätte, zur Römerzeit ein Wachtturm, und schon im 9. Jh. eine Kultstätte des Erzengels Michael. Die Kapelle entstand um 1500. Die Verehrung des heiligen Michael, der nach altem Glauben die Seelen der Gerechten zum ewigen Leben führt, folgt dem germanischen Höhenkult um Wotan, der die Gefallenen ins Totenreich geleitet: So wurde die Weisung Papst Gregors des Großen (601), die heidnischen Kulte mit christlichem Geist zu durchdringen, allenthalben vollzogen, und es verwundert nicht, dass Michaelskirchen in der Eifel vielfach auf Bergeshöhe zu finden sind.

dem Waldrand folgen, im Waldwinkel erneut rechts und immer talwärts, weiter unten mit dem hinzustoßenden Weg 1 links das **Ohlertsiefental** ganz hinunter. Unten das **Bliestal** ebenfalls abwärts, erst Fahrweg, dann Straße, zuletzt über die Brücke. Nach rechts auch den **Letherter Bach** überbrücken, dahinter aber sogleich links den Waldweg ansteigen; auf diesem Weg oben auch durch die Feldflur, und über die L 234 neben ihrer Brücke nach **Effelsberg** (Burgweg). Gegenüber der Bushaltestelle durch die »Hartgesgasse« und hinab zum Ausgangspunkt.

Michaelskapelle in Bad Münstereifel.

NORDEIFEL
▼
34

Nettersheim – Urft – Steinfeld – Marmagen

Auf den Römerkanal-Wanderweg und über die Höhen

Ausgangspunkt: Bahnhof Nettersheim oder Parkplatz Bahnhofstraße.
Bus/Bahn: Insbesondere DB-Eifelstrecke Köln – Trier. Taxibus von Kall, Schleiden und Bad Münstereifel.
Gehzeit: 4½ Std. (17 km).
Charakter: Rundwanderung auf überwiegend festen Tal- und Bergwegen. Kurz auch steilere An- und Abstiege, etwas anstrengend. Kulturhistorische Fotomotive!
Einkehr: In Urft, Steinfeld (mehrere), Marmagen (mehrere) und Nettersheim.

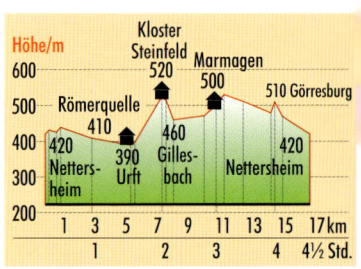

Karte: KOMPASS Nr. 836, Schneifel-Ahreifel. Eifelverein Nr. 5, Nettersheim/Kall.

Eingang zum Kloster Steinfeld.

KALKEIFEL / AHREIFEL

Eine geschichtsträchtige Wanderung vom Naturschutzzentrum Eifel zu bedeutenden Kulturdenkmalen der Eifel.

Vom Bahnhof oder Parkplatz über die beschrankten Gleise und die **Urft,** sogleich nach rechts, von der »Steinfelder Straße« in die »Talstraße« und auf dem **Urfttalweg** (U, auch Weg 1 und Symbol »Römerkanal«) das Urfttal abwärts, bis unterhalb der einstigen Gronrechsmühle (Fachwerkbau) der **Grüne Pütz** erreicht ist, **Hangsickerquelle der einstigen römischen Wasserleitung nach Köln** mit den Tafeln 2 und 3; wenig danach oberhalb wieder auf den Fahrweg nach Urft entlang der Bahngleise; an der Wegegabelung rechts zur Urft hin, hinter Tafel 4 an der Rufschranke über die Bahngleise und geradeaus weiter durch das Urfttal; hinter Tafel 5 oberhalb **Neuwerk** vorbei und nach **Urft**, über die Gleise.

Sogleich rechts (auch Radweg) in die Sackgasse »Auf dem Stein«, die sich als »Mühlgraben« fortsetzt. Neben **Burg Dalbenden** nicht über die Bahn, vielmehr nach links und (Weg A 4) ansteigen, von der Verzweigung am Waldrand hoch, später durch Wald und am Friedhof vorbei nach **Steinfeld.** Hier sollte zumindest die berühmte Pfeilerbasilika im Klosterbereich aufgesucht werden, wohl auch der Klosterladen.

Gegenüber dem Hauptzugang der Anlage durch die »Hallenthaler Straße« und dem Zeichen ▶ folgen. Abwärts ins **Gillesbachtal;** gegenüber der **Hallenthaler Mühle** rechts und dieses Tal aufwärts, im **NSG Hundsrück** oberhalb einer Teichanlage vorbei zur K 60 unterhalb **Wahlen;** über die Brücke und diese Straße aufwärts bis zum Ortsschild **Marmagen.** Um den Straßenverkehr zu vermeiden, rechts »Zur Vorheck« einbiegen. Aus der Senke wieder ansteigen

ZUM WANDERGEBIET

Nettersheim in einem seit der Altsteinzeit besiedelten Gebiet, wird erstmals 867 n. Chr. in einem Dokument Kaiser Lothar II. als »Nefresheim« genannt und gehörte als Adelssitz 1430 – 1794 zum Herzogtum Jülich. Heute Zentrum einer großen Landgemeinde, gilt Nettersheim als Naturerlebnisdorf mit dem Naturschutzzentrum Eifel am Römerplatz; zugleich ist im Ort der Sitz des Vereins Naturpark Nordeifel, deutscher Teil des grenzübergreifenden deutsch-belgischen Naturparks Hohes Venn-Eifel. Geboten werden zudem Natur-, Geschichts- und Waldlehrpfade, ein geologischer und archäologischer Wanderpfad, eine archäologische Ausstellung und Fossiliensammlung, Führungen und Informationen.

Römerkanal: Die unterhalb von Nettersheim im Urfttal an der Hangsickerquelle »Grüner Putz« beginnende römische Wasserleitung nach Köln, erbaut ab dem 2. Jh. und 95,4 km lang, stellt die gewaltigste Ingenieurleistung der Römer auf deutschem Boden dar. Von Nettersheim nach Köln führt ein eigener »Römerkanal-Wanderweg«; Karten und Textband im Buchhandel.

Kloster Steinfeld, fast vollständig erhaltene mittelalterliche Reichsabtei, gegründet 1069, mit der »Eifelbasilika«, ist heute ein Salvatorianerkloster mit Gymnasium. Auch die berühmte Orgel hat zu den jährlichen Steinfelder Musikfesten, Höhepunkte des Eifeler Kulturlebens, beigetragen.

Marmagen entwickelte sich aus dem Römerkastell Marcomagnum an der Römerstraße nach Köln. Der »Eiffelplatz« erinnert an den Enkel der 1710 von Marmagen nach Frankreich ausgewanderten Familie Bönickhausen (die sich in der Fremde »Eifel« nannte), jenen Alexandre Gustave Eiffel, der 1899 zur Weltausstellung den 300 m hohen Pariser Eiffelturm erbaute. Bekannt ist der Ort heute auch durch seine Eifelhöhenklinik.

Görresburg wird ein gallo-römischer Matronentempel mit den Göttinnen der Fruchtbarkeit genannt.

Naturzentrum Eifel, Römerplatz 8-10, 53947 Nettersheim, Tel. (02486) 1246, Fax (02486) 203048, E-mail: naturzentrum@nettersheim.de, www.nettersheim.de

KALKEIFEL / AHREIFEL

Römerquelle »Grüner Pütz« in Nettersheim.

und stets aufwärts bis zur Kirche. Davor zum »Eiffelplatz« (Gedenktafel!) und oberhalb auf Weg 3: »Keltenring«, in einer Linkskurve rechts »Heideweg« hinauf; hinter der höchsten Stelle links abwärts ins **Schleifbachtal,** das – ungeachtet der bald wieder ansteigende Teerstraße – abwärts gewandert wird, bis zum Bach und stets rechts an diesem entlang ins **NSG Schleifbach,** bis (ungefähr 3 km vom »Eiffelplatz«) rechts das Schild **»Archäologisches Denkmal«** auffällt.

Hier rechts die Trittstufen hoch, den Pfad ansteigen, durch den Zaun und hinauf zum **Römischen Tempelbezirk Görresburg** mit den schönen **Matronenbildnissen.** An der oberen Seite auf einem Pfad nach rechts, die Feldstraße links hinab. Vom Parkplatz rechts hinunter, über die Bahn, dann mit Trittstufen zur Linken abwärts zum **Römerweiher** auf die andere Seite des Urfttales. An dieser Ostseite auf dem Urfttalweg (U) nach **Nettersheim.**

Hinter dem **Kalkofen** (»Kaninheck«) links über die Bahn abbiegen, vor der Urftbrücke rechts auf den Uferweg. Hinter dem **Naturschutzzentrum Eifel** finden wir ein aufgestelltes Teilstück der Römischen Eifelwasserleitung und Tafel 1 des **Römerkanal-Wanderweges.**

Wir nehmen die dortige Urftbrücke, wenden uns nach rechts und erreichen den Ausgangspunkt.

NORDEIFEL

▼ 35

Wildenburg – Reifferscheid

Durch zwei romantische Burgorte

Ausgangspunkt: Wildenburg, Bushaltestelle und Parkplatz.
Bus: Verbindung von den Bahnhöfen Kall und Blankenheim-Wald, ferner von Blankenheim und Hellenthal.
Gehzeit: Etwa 2½ Std. (8 km).
Charakter: Bergige Rundtour, meist feste Wege, die auf kurzen Strecken stärker ansteigen. Fotomotive!
Einkehr: In Reifferscheid und Wildenburg.
Karte: KOMPASS Nr. 836, Schneifel-Ahreifel. Eifelverein Nr. 14, Hellenthal.

Eine Wanderung zwischen zwei geschichtlich interessanten Zielen. Vom Ausgangspunkt der Markierung > folgen: Die L 22 abwärts, aus ihrer Linkskehre rechts in das **Leiderbachtal;** hinter den Teichen links und hinauf nach **Zingscheid;** erste Ortsstraße rechts und gerade abwärts bis unter den Ortskern, dort rechts zur Kreisstraße; auf dieser nach unten, aber ihre Kurven am **Kuhberg** abkürzen, auch am ehemaligen Heim vorbei; am Parkplatz Zingscheider Berg (Achtung!) links über die Straße und hinter einer Bank den Weg hinab; unten »Römerstraße« rechts, über die L 203 in die »Liebfrauenstraße«; in **Reifferscheid** über die L 17 schräg

KALKEIFEL / AHREIFEL

Wildenburg.

rechts und einen Zaundurchlaß links nehmen in die Straße »Im Tal«; danach im **historischen Burgort** die »Burgstraße« bis zum Haus Nr. 14 hinauf.

Von der Straße abweichend in Gegenrichtung den Hang hoch zur Kirche. Durch den Torbogen der **Vorburg** aufsteigen zur **Burgruine.** Der Abgang erfolgt auf dem »Zehntweg«, »In der Freiheit« durch den Torbogen. Links über den Wanderparkplatz und am Kreuz von 1697 links vorbei die Feldstraße hinab, aber bereits vor der **Reinzelbachbrücke** scharf links den Fußweg talwärts, zurück in den unteren Ortsteil. Nun nehmen wir zunächst den Hinweg (Markierung ▶) zurück, jedoch am Kapellchen, an dem wir die »Römerstraße« zuerst erreicht hatten, auf dieser Straße weiter nach und durch den Ort **Wiesen.**

Dort »Im Wiesengrund« über die L 22 und den **Manscheider Bach,** hinter der Marienkapelle aber links in den »Rosenweg« und auf Wanderweg 3 im Hang nach **Manscheid.**

Auf der Straße über den Bach, rechts Richtung Wildenburg aufwärts bis oberhalb des letzten Hauses, dort rechts in den Berghang, jedoch schon in der ersten Linkskurve nach links den Bergpfad hoch nach **Wildenburg.** Durch den schönen, alten Burgort zum Ausgangspunkt.

DIE BURGEN

Die romantischen, mittelalterlich wirkenden Burgorte sind attraktive und entsprechend beliebte Wanderziele. Burg Reifferscheid wird erstmals 1106 erwähnt; ihre Kapelle wurde bereits 1130 Pfarrkirche. Landesherr war damals Walram III., Herzog von Nieder-Lothringen und Limburg. Aus einer Besitzteilung der Brüder Gerhard und Philipp von Reifferscheid entstand die zuerst 1190 nachgewiesene Wildenburg. Diese war 1414 bis 1639 im Besitz der Herren von Palandt, denen zu jener Zeit auch die – schon 983 nachgewiesene – Burg Reuland (Belgien) gehörte. 1714 kaufte das Kloster Steinfeld die Wildenburg und baute sie zum Schloss um. Sie enthält heute ein Schullandheim. In beiden Burgbereichen wird ein Rundgang sehr empfohlen.

Verkehrsamt Hellenthal ▶ Tour 28.

NORDEIFEL

36

Blankenheim – Ahrberge – Reetz

Berg- und Talwanderung um die junge Ahr

Ausgangspunkt: Rathaus, Parkplatz und Bushaltestelle.
Bus/Bahn: Buslinie 832 vom Bhf. Blankenheim-Wald (Eifelstrecke Köln-Trier): Zumeist Taxibus, der bis 30 Min. vor fahrplanmäßiger Abfahrt unter Tel. 01804-151515 angefordert werden muss.
Gehzeit: Etwa 3½ Std. (14 km).
Charakter: Rundwanderung mit mehrfachem Auf und Ab auf überwiegend festen, teils auch geteerten Wegen. – Ergänzend wird ein Rundgang zur Ahrquelle und überhaupt durch das historische Blankenheim empfohlen.

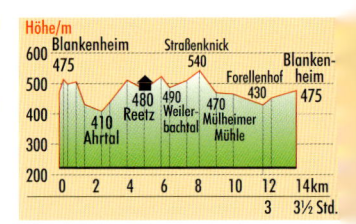

Einkehr: Unterwegs nur in Reetz; also Rucksackverpflegung mitnehmen. In Blankenheim jede Art von Gastronomie.
Karte: KOMPASS 836, Schneifel-Ahreifel. Eifelverein Nr. 12, Blankenheim – Oberes Ahrtal.

Von Parkplatz und Bushaltestelle vor das Rathaus, und links über die »Ahrstraße« der Mark. ▶ folgen: Den »Nonnenbacher Weg« hinauf bis vor das Ortsendeschild; dort links abbiegen, durch eine Senke, dem Waldrand entlang, von einer Abzweigung hoch auf den **Schillertsberg;** über die querende Feldstraße hinweg und im Wald – anfangs Pfad, dann Weg – stark bergab ins **Wallbachtal.** Nach links und ohne Markierung auf breitem Weg das **Nonnenbachtal** abwärts. Die B 258 überschreiten, unten über die junge **Ahr,** nach rechts, den Bahndamm unterqueren, und eine Waldstraße ca. 200 m stark ansteigen. Rechts auf den **Ahrtalweg** (A); wo dieser nach 150 m vom Fahrweg nach rechts abzweigt, den Fahrweg auf Weg 17 a fortsetzen: Bergauf und an 2 Wegverzweigungen rechts halten. An der höchsten Stelle des Fahrweges (Revier 103) nach links weitersteil-

Reetz.

KALKEIFEL / AHREIFEL

gen, an Häusern vorbei (Schlehdornweg) und dem Waldrand entlang. Den nächsten Fahrweg hinab nach **Reetz.**
»Am Backofen« nach links durchgehen; »Heltenstraße« abwärts, auch »Oberdorf« hinunter. Unterhalb der Kirche über die »Talstraße« hinweg in die »Hardtstraße« und Richtung Sportanlagen auf Weg 19: Vom Wegkreuz ansteigen, an Grillhütte und Tennisplatz vorbei, auch über die Radwege geradeaus, und von der Höhe hinab ins **Weilerbachtal.** Nach links auf den **Sonnenweg** (S): Feldweg talaufwärts; mit der K 71 nach rechts ansteigen, an ihrem Rechtsknick jedoch geradeaus (!) den Fahrweg hinab ins **Mülheimer Bachtal,** gegenüber **Mülheimer Mühle.** Hinter dem Viadukt nach links dieses Bachtal nun etwa 3 km (Weg 5) abwärts, zuletzt geteert, und auf diesem **Ahrtalweg** (auch Ahrtalradweg) zurück: Den Bach überbrücken und am Forellenhof vorbei ansteigen; oberhalb der Kläranlage als Weg, gleich als Pfad im Waldhang über der jungen Ahr; über die Parkflächen hoch und um den Schwanenweiher zurück zum Ausgangspunkt.

BLANKENHEIM

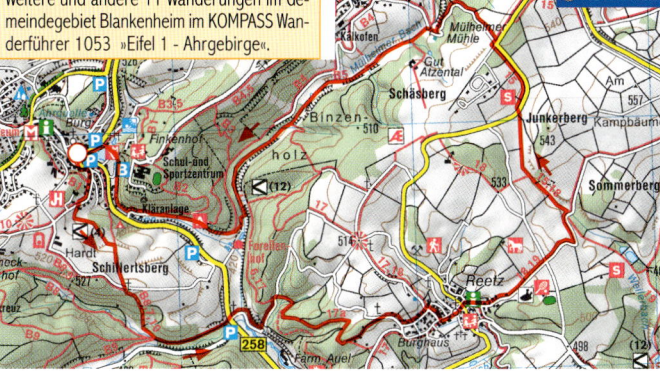

Das vor allem durch die Ahrquelle, seine Burg, seinen historischen Ortskern und seine Freizeiteinrichtungen bekannte Zentrum einer großen Landgemeinde entstand in einem Gebiet keltischer Besiedlung und nahe der Römerstraße Trier — Köln. Ausgegrabene Gutshöfe, auch mit römischem Heiz- und Badekomfort, zeugen von jener Zeit. Die mächtige Burg auf ihrem Felssporn (1115), heute als romantische Jugendherberge beliebt, war lange Zeit Sitz des mächtigsten Grafengeschlechts der Eifel. — Die Ahr entspringt spektakulär in einer 1726 in einer Scheune angelegten Brunnenstube als Karstquelle mit einer Schüttung von 12 l/sec (über 40 000 l/Std) und mündet nach 89 km Lauf in den Rhein. — Berühmte Pfarrkirche (1505), ein hochrangiges Kulturdenkmal; Stadttore (ab 1404); Regionalmuseum für Naturkunde und Kulturgeschichte der Nordwesteifel; schöne Fachwerkbauten.
Bürger- und Verkehrsbüro, Rathaus, 53945 Blankenheim. Tel. (02449) 87222 bis 224, Fax (02449) 87326.
E-mail: verkehrsbuero@blankenheim-ahr.de; www. blankenheim-ahr.de.

Weitere und andere 11 Wanderungen im Gemeindegebiet Blankenheim im KOMPASS Wanderführer 1053 »Eifel 1 - Ahrgebirge«.

NORDEIFEL
37

Durch den Ripsdorfer Wald

Um den Stromberg und zum »Teufelsstein«

Ausgangspunkt: Wanderparkplatz am Restaurant-Café Maus, an der K 69 von Blankenheim-Nonnenbach nach -Ahrmühle und -Ripsdorf.
Gehzeit: 2 Std. (8 km).
Charakter: Leichte Rundwanderung, überwiegend im Wald und auf festen Wegen. Schöne Landblicke.
Einkehr: Nur am Ausgangspunkt.
Karte: KOMPASS Nr. 836, Schneifel-Ahreifel. Eifelverein Nr. 12, Blankenheim-Oberes Ahrtal, oder Nr. 15, Oberes Kylltal.

Eine Wanderung durch die ausgedehnten Waldungen südlich Blankenheim.

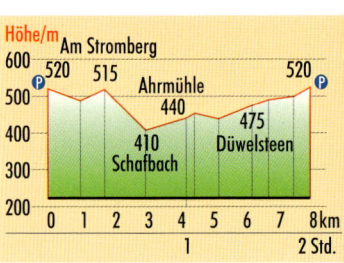

Auf der Kreisstraße nach rechts nur 50 m abwärts, dann rechts (Informationstafel) auf den breiten

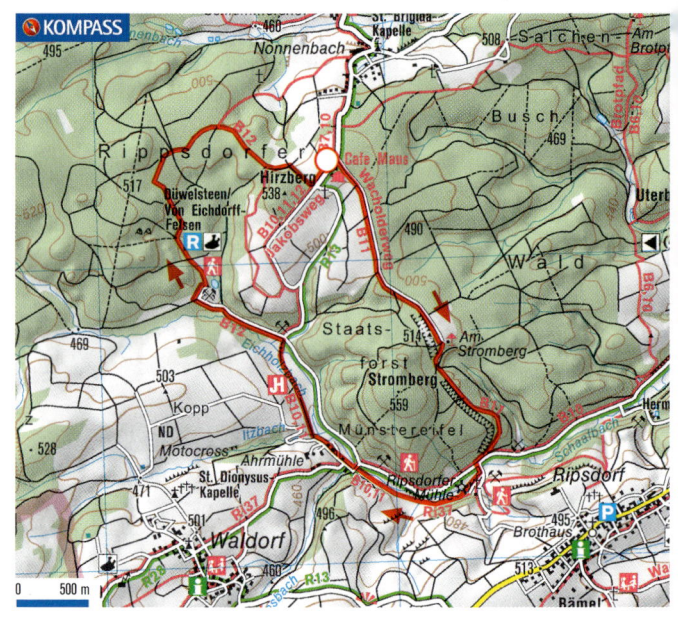

KALKEIFEL / AHREIFEL

Blick vom Haresbusch auf Ripsdorf.

Wacholderweg (W und 11): Bald aus dem Wald und mit weitem Landblick abwärts; auch im **Ripsdorfer Wald** zunächst noch abwärts, doch vom Fuß des **Stromberges** mit Rechtskurve wieder ansteigen, durch eine Erlenallee zur **Schutzhütte Am Stromberg;** nun mit Rechts- und Linkskurve abwärts, dann ein Tal hinunter ins **Schafbachtal.**

Über die Straßenbrücke, rechts (Markierung ▶) an der **Ripsdorfer Mühle** vorbei und nach **Ahrmühle.** Weiter auf dem **Pilgerweg** (10, 11 und JH): Ab der Bushaltestelle geradeaus; hinter dem Ortsende rechts über den **Itzbach** und durch das **Eichholzbachtal.** Von der Straßenkurve links auf Weg 12: Erst Fahrweg im Tal, dann im Wald ansteigend. Vom Rastplatz ist ein Abstecher zum **Düwelsteen** (Teufelsstein) und zur **Düwelskall** (Teufelshöhle) möglich; die Wanderung setzt sich aber auf dem Fahrweg (12) fort, weitläufig bergauf, am **Hirzberg** auch etwas Auf und Ab, bis zur K 69. Auf dieser Straße nach links hoch zum nahen Ausgangspunkt.

DÜWELSTEEN UND DÜWELSKALL

Am Düwelsteen (Teufelsstein) im Eichholz sollen um 6000 v. Chr. Menschen der Steinzeit in Höhlen der Sandsteinfelsen (Düwelskall = Teufelshöhle) gehaust haben. Aus der Zeit um 3000 v. Chr. stammen Sagen von dort lebenden, wilden »Teufelsmenschen«.

Auf der senkrechten Felswand des für die Blankenheimer Kalkeifel untypischen Buntsandsteins ist ein Sinnspruch des Romantikers Joseph Freiherr von Eichendorff (1788-1857) eingeritzt.

Weitere Wanderung in diesem Gebiet
▶ KOMPASS-Wanderführer 1053 »Eifel 1 – Ahrgebirge«.

NORDEIFEL

38

Ahrhütte – Dollendorf – Mirbach – Lampertstal – Schloßthal
Durch die größten Wacholderschutzgebiete der Kalkeifel

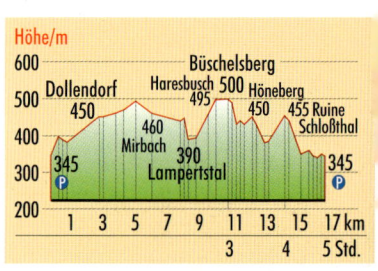

Ausgangspunkt: Parkplatz unter der Ahrtalbrücke der L 115 östlich Ahrhütte. Zufahrt von der B 258: In Ortsmitte mit der Straße »Am Hammerwerk« über die Ahr, links »Hüttenstraße« durch den Ort bis 50 m hinter Ortsende.
Achtung: Diese Zufahrt ist zugleich der Ahrtalradweg!
Gehzeit: Etwa 5 Std. (17 km).
Charakter: Lange, aber nicht schwierige Tages-Rundwanderung auf Wegen und Pfaden, mit herrlichen Landblicken und durch wildverwachsene Landschaften. Wegen Grasbewuchs ist bei Taunässe ein Beinschutz zu empfehlen.

Einkehr: Nicht an der Strecke, mit Abstecher nur in Dollendorf und Ahrhütte. Rucksackverpflegung mitnehmen.
Karte: KOMPASS Nr. 836, Schneifel-Ahreifel. Eifelverein Nr. 12, Blankenheim-Oberes Ahrtal.

Wacholderschutzgebiet Büschelsberg.

KALKEIFEL / AHREIFEL

Oberhalb des Parkplatzes beginnt die Wanderung auf Weg 32: Rechts bis vor das Ortsschild **Ahrhütte,** links Richtung Mackental, doch sogleich rechts geteert den **Hüttenberg** hinauf; nahezu oben, aus der Linkskurve rechts den Feldweg abwärts, vor dem nächsten Gebüsch erneut rechts und hinab ins **Fuhrbachtal;** links talaufwärts, später an der anderen Bachseite und das **Bechertstal** hoch nach **Dollendorf.**
Geradeaus weiter (Im Benden), über die Verkehrsstraße (Lindenstr.) hinweg, hinter der Heckenreihe rechts (Wacholderweg). Die Querstraße links ansteigen, auch am Tennis-Clubhaus vorbei und bis zu den letzten Häusern von Dollendorf. Dort rechts in die Feldstraße (Weg 34), Wo diese nach 600 m rechts kurvt, geradeaus auf dem Feldweg über die Anhöhe, dann neben dem **NSG Eusberg** hinab nach **Mirbach,** von **Tafel 38** rechts auf der unteren Straße. Von der »Wacholderstraße« geradeaus und stets talwärts halten, auch um das **NSG Kauligenberg,** von **Tafel G 37** zu einem Fahrweg und hinab ins **NSG Lampertstal.** Links über den **Mirbach** zum Rastplatz mit Wanderwegetafel, einige Schritte weiter mit dem Radweg zur anderen Talseite und

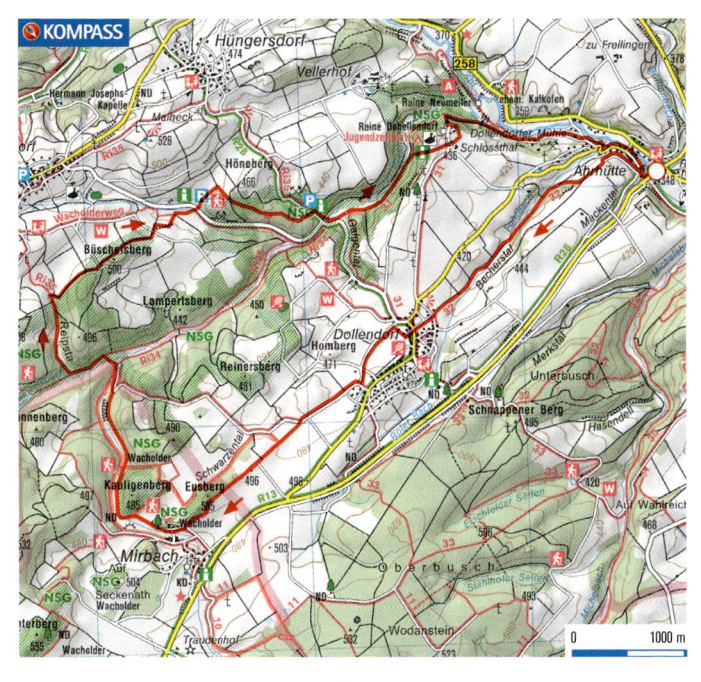

auf Weg 35: Nach links, 200 m weiter aber rechts das **Reipstal** hinauf. Am oberen Waldende, vor der Wiese (Achtung!), scharf rechts abbiegen und in den Wald steigen; dort auf dem Querweg links hoch, am Rand des **Haresbusch** über einem Orchideenbestand bis zu einer Feldstraße.

Nur ein paar Schritte abwärts, dann nach rechts auf den **Wacholderweg** (W): Um den **Büschelsberg;** nächste Teerstraße ansteigen, am Schild links den steilen Feldweg hinab, unten rechts zur K 69; vom Rastplatz um den bewachsenen Berg steigen, dahinter durch ein Wiesentälchen anschließend weitläufig durch die Kiefern-Wacholder-Wildnis auf dem **Höneberg,** zuletzt abwärts und im Tal auch die Straße hinab.

Unten mit der K 69 den Lampertsbach überbrücken, nach links auf Weg 31: Etwa 250 m über dem Tal, am Naturschutzschild rechts den Hangpfad hinauf; oben links zur **Burgruine Schloßthal;** unterhalb in den Ort **Schloßthal.** Nach rechts bis vor die Bushaltestelle, dort links, unterhalb um den Ort. Im Wald abwärts, ab der

Orchideenblüte im Naturschutzgebiet Lampertstal.

KALKEIFEL / AHREIFEL

Um das Lampertstal

Das Gebiet der Blankenheimer Kalktriften ist geologisch gekennzeichnet von der »Eifeler Meeresstraße« aus der Zeit des subtropischen Eifel-Flachmeeres im Devon (vor 380 – 320 Mio Jahren), deren Korallensaumriff die sog. Kalkeifel bildete (vgl. Tour 32!). Die Kalkmulden bezaubern nicht nur mit ihren Wacholdersäulen, sondern zugleich mit einer schützenswerten Fauna und Flora. Um das Lampertstal gedeihen neben dem im April – Mai blühenden Küchenschellen vor allem auch 31 seltene Orchideen- und Enzianarten. Der Wacholder, ein »Adeliger des grünen Reiches«, wird über 100 Jahre alt und bis zu 10 m hoch.

Durch Verwitterung verkarstet das Kalkgestein, und Wasser kann in die Klüfte eindringen. So sind Mirbach und Lampertsbach sog. Verlierbäche mit zeit- und streckenweise unterirdischer Wasserführung durch Versickerungsstellen (Bachschwinde), Einsturzstellen und Schlucklöcher (Dolinen).

Weitere Wanderungen in den Blankenheimer Wacholderschutzgebieten
▶ KOMPASS-Wanderführer 1053 »Eifel 1 – Ahrgebirge«.

Spitzkehre rechts erneut ins Lampertstal. Neben der Brücke (einstige Ahrtalbahn) wieder ansteigen und auf dem **Ahrtalweg** (zugleich beschilderter **Ahrtalradweg**) zurück: Hinter der Feriensiedlung am alten Bahnhof vorbei und »Burgpützen« abwärts; die »Dollendorfer Straße« etwas hinauf, »Am Leychen« links hinab und über den Fuhrbach; mit der »Hüttenstraße« durch Ahrhütte zurück zum Ausgangspunkt.

Burgruine Schloßthal.

NORDEIFEL

39

Dahlem – über die Heidenköpfe

Zur Römerstraße im Forst Schmidtheim

Ausgangspunkt: Bahnhof Dahlem. Parkplatz im Rennpfad, gegenüber dem Bahnsteig für die Zugrichtung Köln.
Bus/Bahn: DB-Eifelstrecke Köln-Trier.
Gehzeit: Etwa 2 Std. (7,5 km).
Charakter: Leichte Rundwanderung auf festen Wegen; nur am Anfang gibt es einen längeren Anstieg. Viele Rastbänke. Herrliche Landblicke und einsamer Wald.
Einkehr: Nur in Dahlem.

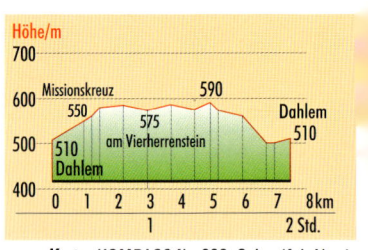

Karte: KOMPASS Nr. 836, Schneifel-Ahreifel. Eifelverein Nr. 15, Oberes Kylltal.

WALLFAHRTEN

Durch die Eifel führen viele Wallfahrtswege. So kommen allen im Gebiet Vierherrenstein diese drei Wallfahrtswege zusammen:

▶ Von Blankenheim kommend der »Kölner Weg« der Jakobspilger nach Trier, und durch Frankreich zum Grab des Apostels in Santiago de Compostela (Spanien);

▶ ein Weg niederrheinischer Matthiasbruderschaften nach Trier zum einzigen Apostelgrab nördlich der Alpen;

▶ der Schmidtheimer Wallfahrtsweg zum bedeutenden Marienwallfahrtsort Barweiler in der Hocheifel.

Vom Ausgangspunkt den »Rennpfad« abwärts, wird ab der Bahnschranke Weg 2 gefolgt: Die »Escher Straße« aufwärts, auch am Margaretenhof vorbei; vom **Missionskreuz Heidenkopf** am Waldrand (Rastplatz, Eifelblick) geradeaus zum Wanderparkplatz am **Natur-Erlebniscamp**; dahinter links (Richtung Hochleitung) am **Heidenkopf II.** ansteigen; oben

Dahlem; Missionskreuz Heidenkopf mit Eifel-Blick.

an der Wegekreuzung nach rechts; an der nächsten Abzweigung geradeaus und bald abwärts; auf dem Fahrweg im orchideenreichen **Gebiet Vierherrensein** nur 60 Schritte nach links zum **Matthiaskreuz** (Dülken). Hier nach links (Schranke) auf Weg 3, der am Heidenkopf III mit Linkskurve ansteigt. Wo dieser Weg 3 wenig danach links abknickt, geradeaus auf dieser **Römerstraße** noch 2 km bleiben, auch über den **Heidenkopf I,** dann abwärts, vom **St.-Martin-Kreuz** (der Wallfahrer nach Barweiler) noch etwa 100 m. Nun scharf links auf Weg 2 abbiegen und nach 500 m zunehmend bergab, bis zur »Schulstraße« am Ortsrand von **Dahlem.** Links neben Haus Nr. 62 auf der »Waldstraße« durch das **Morbachtal,** nach rechts und durch die »Uferstraße«. Vor Haus Schieferstein rechts in den »Rennpfad« und zum Ausgangspunkt.

DAHLEM

Dahlem in der Kalkeifel, erstmals am 20.1.867 als »Dalaheim« (=Talheim) beurkundet, gehörte ab dem 14.Jh. zur Herrschaft Kronenburg. Der Ort, Sitz einer großen Landgemeinde, ist heute vor allem bekannt durch den Flugplatz Dahlemer Binz, die Trappistinnenabtei Maria Frieden und seine ausgedehnten Waldungen mit vielen Naturschutzgebieten.

Über die Höhen des Eichholz verlief zur Römerzeit die Heerstraße Trier – Köln, zu deren Sicherung auf dem Heidenkopf I eine Hochwarte stand; dort kreuzte die Römerstraße Maas – Neuwied.

Gemeinde Dahlem, Rathaus, Hauptstr. 23, 53949 Dahlem. Tel. (02447) 95550, Fax (02447) 955555.

Touristinfo Oberes Kylltal, Burgstr. 22, 54589 Stadtkyll. Tel. (06597) 2878. E-mail: touristinfo.obereskylltal@t-online.de; www.obereskylltal.de

NORDEIFEL

40

Um und durch Kronenberg

Kronenburger See und der Burgort

Ausgangspunkt: Dahlem-Kronenburg, Ortsteil Kronenburgerhütte im Kylltal, Parkplatz »Freizeitanlage«.
Bus/Bahn: Verbindungen vom Bhf. Dahlem (Köln-Trier) und von Blankenheim.
Gehzeit: 2 Std. (7,5 km), ohne Besichtigungen.
Charakter: Tal- und Höhen-Rundwanderung auf Wegen, Pfaden und Treppen, leicht um den See, am Burgort auch starke Steigungen.
Einkehr: Am See, im Ferienpark, oben in Kronenburg und in Kronenburgerhütte.

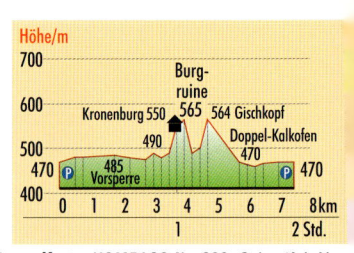

Karte: KOMPASS Nr. 836, Schneifel-Ahreifel. Eifelverein Nr. 15, Oberes Kylltal, oder Nr. 14, Hellenthal, oder auch Nr. 17, Prümer Land.

Wanderung in einem besonders malerischen Winkel der Kalkeifel. Von der Parkplatzzufahrt die **Kyll** überbrücken, nach rechts und roten Pfeilen um alle Winkel folgen, zuletzt Treppen hoch und rechts auf Staudammhöhe des **Kronenburger Sees.** Geradeaus auf der Straße bis zu einer Schranke, dann blauen Pfeilen folgen: Rechts abwärts und dem See entlang; über die **Vorsperre** mit Fischtreppe, und nach rechts erneut dem See entlang bis vor den Staudamm. Auf der Holzbrücke über die B 421 und zum **Ferienpark** hochsteigen. Nach rechts wieder den roten Pfeilen folgen: Auf der Straße »Zum Kleebusch« vor der Gaststätte vorbei und hinab bis zur Rechtskurve; von dort geradeaus wieder 250 m ansteigen, dann rechts zur Grillhütte abbiegen, jedoch bereits hinter der Toilette rechts durch das Tal des **Klingensiefen** und den steilen Pfad hoch. Auf dem nächsten Querweg links herum zum Burgort **Kronenburg,** über den Parkplatz und durch das Stadttor in den **mittel-**

KALKEIFEL / AHREIFEL

Bergnest Kronenburg.

alterlichen Burgbering. Vor dem Mitteltor geht es rechts zur **Burgruine** hinauf; die Wanderung setzt sich indes links fort, die Treppen der »Wilhelm-Tell-Gasse« hinab und bis unten. An dem großen Haus die »Burgstraße« nur überqueren und den Feldweg sanft aufwärts. Von der späteren Verteerung ist rechts ein Abstecher auf den **Gischkopf** ratsam (Umsetzermast, Rastplätze, Eifelblick), bevor es auf dem Teerweg über die Höhe geht. Aus der Straßenkurve nach rechts abbiegen und diesen Teerweg abwärts bis hinter ein Gebüsch. Dort in den Teerweg nach rechts, bald an der **Jugendbegegnungsstätte** vorbei und bergab zur B 421. Auf deren Rand rechts zum alten **Doppel-Kalkofen.**

Direkt danach die B 421 überschreiten und nach rechts (!) auf den **Kyllweg** (K und roter Pfeil): Vor dem Tor rechts auf den Hangpfad wechseln, später Weg; nach 600 m die Kyll überbrücken und nach **Kronenburgerhütte;** über die Steinbrücke, hinter der **St.-Brigida-Kapelle** (Geschichtstafel) nach links »Auf dem Plan«; »Neuer Weg« links bis vor die Kyll, und nach rechts zurück zum Ausgangspunkt.

KRONENBURG

Das über 700 Jahre alte Bergnest beherrschte einst das Obere Kylltal und erhielt bereits 1350 Stadtrechte, gehört aber heute zur Gemeinde Dahlem. Die Kirche mit Zentralsäule wurde von den Johannitern erbaut, die bis 1803 das Patronatsrecht innehatten. Von der Burgruine ein wunderbarer Landblick. Malerischer Burgbering, Künstlerdorf. – Kronenburgerhütte im Kylltal war einst eine Eisenhütte und bekannt für ihre Takenplatten. – Kronenburger See (1,9 Mio m³), Stauung der Kyll und der Taubkyll, ein Freizeitparadies.
Gemeinde Dahlem ▶ Tour 39.

NORDEIFEL

41

Hollerath – Oleftal – Forst Schleiden
Auf dem Hellenthaler Narzissen-Wanderweg

Ausgangspunkt: Wanderparkplatz Hollerather Knie, oberhalb Hellenthal-Hollerath neben der Kurve der B 265.
Gehzeit: 4 bis 4½ Std. (17 km).
Charakter: Rundwanderung, überwiegend auf festen Waldwegen und leicht zu begehen. Stärkerer Anstieg nur im Forst Schleiden.
Einkehr: Nicht unterwegs; Rucksackwanderung. Gaststätten in Hollerath.
Karte: KOMPASS Nr. 757, Aachen und das Dreiländereck. Eifelverein Nr. 14, Hellenthal.

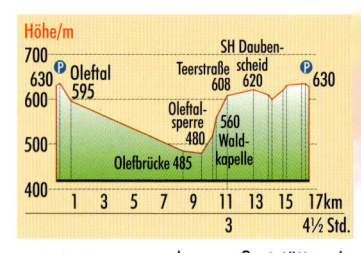

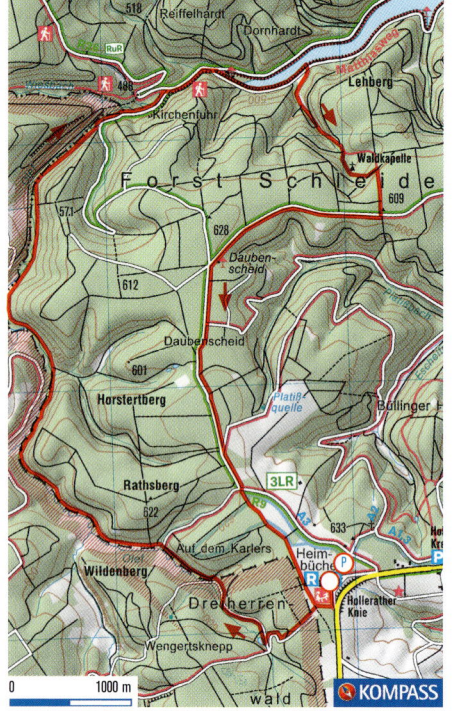

Um die Zeit Mitte April bis Anfang Mai bezaubert das Oleftal durch Flächen blühender Wildnarzissen. Aber auch zu anderen Jahreszeiten ist dies eine geruhsame Tageswanderung.
Vom Parkplatz die Ausfahrt nach Süden hinaufgehen, vor dem Wald rechts entlang bis in die nahe Rechtskurve. Dort nach links in den **Dreiherrenwald** einbiegen, über den Grenzgraben nach **Belgien** und einen Waldweg abwärts ins **Oleftal.** Vor der Brücke scharf nach rechts,

HOHE WESTEIFEL / SCHNEIFEL

Waldkapelle im Forst Schleiden.

wandern wir nun das Oleftal 8 km – stets an dieser Bachseite bleibend – abwärts: Ab der nächsten Schranke wieder auf deutschem Boden und ins **NSG Oleftal,** bald an einer Informationstafel vorbei, zuletzt auf geteertem Weg und bis in die Anfänge der **Oleftalsperre.** Mit den Schildern »Narzissen-Rundweg« und »Waldkapelle« rechts in das **Lehrbachtal** steigen.

Auf einem Waldfahrweg nur 50 m, dann erneut an dieser Talseite ansteigen, nach 60 Schritten jedoch über das Brückchen und steiler hoch, nochmals über einen Steg und steil hinauf zur **Arenbergischen Waldkapelle** mit Rastplatz.

Weiter bergauf, über einen querenden Waldfahrweg hinweg, dann gerade hoch zur Teerstraße im **Forst Schleiden.** Auf dieser 1,7 km nach rechts zur Kreuzung an der **Schutzhütte Daubenscheid.**

Nach links nun weitere 2 Kilometer Waldstraße abgehen, bis diese links in die Feldflur abbiegt. An dieser Stelle geradeaus den Waldweg ansteigen und in dieser Richtung bald der **Höckerlinie** (ehemaliger »Westwall«) entlang und zurück zum Ausgangspunkt.

WALDKAPELLE

Am 7. Mai 1897 wird im Forst Schleiden ein Freund des Herzogs von Arenberg durch ein Jagdunglück erschossen. An der Stelle ließ der Herzog eine Kapelle errichten, die 1899 dem heiligen Eduard (Namenspatron des Verunglückten) geweiht, eingerichtet, ausgemalt und mit einem gotischen Eichenholz-Altar versehen wurde. 1977 wurde die Kapelle von unbekannt gebliebenen Tätern schwer verwüstet. Mit der Wiederherstellung wurde sie unter Denkmalschutz gestellt. Das einsame Kleinod mitten im Wald ist heute ein beeindruckendes Wander- und Pilgerziel.

Zu den Wildnarzissen ▶ Tour 26

Verkehrsamt Hellenthal, Rathausstr. 2, 53940 Hellenthal. Tel. (02482) 85115, Fax (02482) 85114.

Hellenthal: Aufbereitung – Rescheid – Prethtal – Schwalenbach
Auf alten Wegen der Bergleute

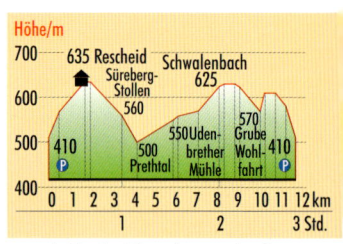

Ausgangspunkt: Am Besucherbergwerk und Hotel-Restaurant (L 17 Blumenthal-Berk); Parkplatz und Bushaltestelle.
Bus: Linie 838 von Hellenthal, Taxibus mit Voranmeldung, Tel. (01804) 151515.
Gehzeit: Etwa 3 Std. (12 km).
Charakter: Rundtour auf zumeist festen, streckenweise steinigen Wegen, mit längeren Auf- und Abstiegen. – *Empfehlung:* Vorher die hoch interessante Führung durch das Besucherbergwerk mitmachen und in die Ausstellung »Grubenhaus« gehen.
Einkehr: Nur am Ausgangspunkt und in Rescheid, also Wegzehrung mitnehmen.
Karte: KOMPASS Nr. 836, Schneifel-Ahreifel. Eifelverein Nr. 14, Hellenthal, oder Nr. 17, Oberes Kylltal.

Wanderung auf einem beschilderten Abschnitt des mehrteiligen Geologisch-Montanhistorischen Lehr- und Wanderpfades der Gemeinde Hellenthal.

An der Rückseite des Hotels Richtung Rescheid auf den **Bergbau-Pfad** und in Kehren bergauf. Oben am Waldrand links weiter hoch, zuletzt geteert nach **Rescheid**. Links zur Kirche. Dahinter erst nach rechts, alsbald aber links Richtung Giescheid. Bereits vor Haus Nr. 173 erneut links und das **Kambachtal** ganz (2,2 km) hinunter, auch am **Süreberg-Stol-**

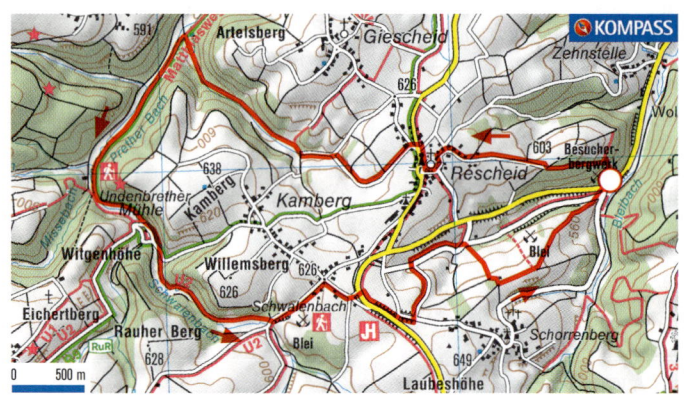

HOHE WESTEIFEL / SCHNEIFEL

*Hellenthal:
Besucherbergwerk Grube Wohlfahrt.*

len (Tafel G 26) vorbei und bis ins **Prethtal.** Unten nach links (auch Zeichen ▶) dieses Tal 2 km aufwärts, von der **Udenbrether Mühle** noch bis zur Teerstraßenverzweigung.

Hier links über die Brücke und die Straße 150 m ansteigen, an deren Linkskurve jedoch rechts abbiegen und das **Schwalenbachtal** aufwärts, ab dem **Schwalenbacher Stollen** (Tafel G 19) noch bis zur Teerwegekreuzung. Links den Teerweg hinauf, an der **Grube Schwalenbach** (Tafel G 20) vorbei zur Bushaltestelle in **Schwalenbach.** An dieser Kreuzung nach rechts, auf der Anliegerstraße zur L 17. Vorsichtig zur anderen Seite der Landstraße und nach rechts gehen, bald nach Schnorrenberg abbiegen. Von dieser Straße in den 2. Feldweg nach links wechseln und gut 1 km bergab zur Straßenkurve vor dem **Zechenplatz Grube Wohlfahrt.** Nach rechts nur 10 Schritte, dann rechts in den **Pingenzug des Bärwurzelganges,** durch eine Senke und noch einmal kräftig bergauf. Oben am Waldrand nach links, von der Feldwegekreuzung erneut links und über den Höhenzug **Astert.** Hinter der höchsten Stelle, an der Tafel G 24 (Pingenzüge Astert) nicht nach links, vielmehr noch 10 Schritte weiter und durch die Linkskurve (!). Ab hier ständig bergab, direkt zurück zum Ausgangspunkt.

BLEIERZE

In der Eifel haben schon die Kelten und Römer nach Bleierzen gegraben. Die wichtigsten Vorkommen befinden sich entlang der Linie Mechernich (größte Bleierzvorkommen Europas) – Hellenthal-Rescheid – Bleialf, ferner im Raum Stolberg sowie in der Rureifel. Die Förderung in der Eifel wurde zuletzt 1957 eingestellt.

Im Besucherbergwerk »Grube Wohlfahrt« tägliche Führungen. Dort gibt es auch eine informative Schrift über das Eifeler Blei.

Hellenthal ▶ Tour 28 und 41.

Heimatverein Rescheid, Giescheid 36, 53940 Hellenthal-Rescheid
www.grubewohlfahrt.de

NORDEIFEL

43

Weißer Stein – Zitterwald

Von Hellenthal-Udenbreth über die Quellbäche der Kyll

Ausgangspunkt: Ski- und Wanderparkplatz Weißer Stein, neben der B 265 nahe Hellenthal-Udenbreth.
Gehzeit: Etwa 4 Std. (12 km).
Charakter: Rundwanderung durch schier endlose Wälder, zumeist auf festen Wegen. Steiler Ab- und Aufstieg am Skihang, ansonsten eine leichte Wanderung. Rast bietet nur die Zitterwaldhütte (nach etwa 2½ Std.).
Einkehr: Nur im Gasthaus am Ausgangspunkt, also Rucksackwanderung.
Karte: KOMPASS Nr. 836, Schneifel-Ahreifel. Eifelverein Nr. 14, Hellenthal, oder Nr. 15, Oberes Kylltal.

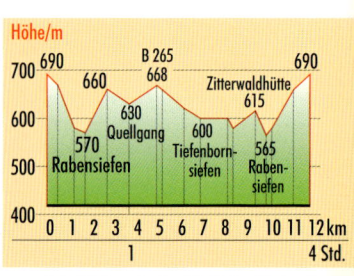

Eine Wanderung durch die höchsten Lagen der Nordeifel.

Zwischen Gasthaus und Sportplatz auf Rundweg A 9: Das Sträßchen abwärts zum **Skilift,** dort rechts und im Wald den Skihang hinab; im Linksbogen der breiten Skipiste wieder rechts in den Waldweg; die alsbald erreichte Forststraße 3 km nach rechts abwandern, kurvig über Quellgänge und bis vor die Schranke am Parkplatz nahe der B 265; links über den Graben und auf der Langlaufpiste kurvig nahe der Bundesstraße durch den Wald; auf dem nächsten Querweg nach links und im

HOHE WESTEIFEL / SCHNEIFEL

Wandergruppe, Rast im Schneifelwald.

Buchholz gerade bergab zu einer Waldstraße, auch kenntlich an drei Kastanienbäumen; auf dieser Waldstraße nach links für 3 km, wieder mit Kehren über Quellbäche und zudem später auch als Radweg markiert, bis zu einer Querstraße, neben der zur Rechten die **Zitterwaldhütte** steht. Nun nehmen wir den **Zitterwaldweg** (Z): Die genannte Querstraße nach links und abwärts; unterwegs nicht links abbiegen, vielmehr in das Tal des **Rabensiefen** und wieder ansteigen bis zu den Wiesen zur Linken.

Zwischen diesen Wiesen die Feldstraße 280 m ansteigen. In der Rechtskurve geradeaus den Heckenweg hoch. Oben wieder die Feldstraße hinauf, vom Skilift zum Ausgangspunkt.

WEIßER STEIN

So heißt das höchstgelegene Gebiet der Gemeinde Hellenthal (689,6 m) mit Gasthaus, Sportplatz und einem Aussichtsturm, von dem aus weite Teile der Eifel überblickt werden können. Der echte Weiße Stein liegt allerdings etwa 1 km entfernt im belgischen Boxvenn, im Quellgang des Edesbaches. Es handelt sich um einen Findling (erratischen Block), der während einer Eiszeit aus dem hohen Norden hierhin verschoben worden sein muss. Der Name spricht für einen keltischen Kultstein: Ede und der nahe Odekopf kommen von der keltischen Gottheit Odin, und der Name Udenbreth setzt sich zusammen aus Odin und lat. »pratum« = Wiese. Der vorbeiführende Mürringer Weg ist uralt und war auch eine Römerstraße. Das Gebiet war nach dem 2. Weltkrieg von Belgien annektiert worden und kam erst 1960 durch einen Gebietstausch wieder zu Deutschland.

NORDEIFEL

44

Zwischen Stadtkyll und Schönfeld
Durch die Waldberge um die Obere Wirft

Ausgangspunkt: Parkplatz am »Haus Wirfttal« (Grillhütte, Rettungspunkt 5605-013). Zufahrt aus Stadtkyll: Richtung Schüller die »Wirftstraße« (K 64) 2,5 km talaufwärts.
Gehzeit: Etwa 4 Std. (14 km).
Charakter: Rundtour auf überwiegend festen Waldwegen. Zum Steinbüchel ein gedehnter Anstieg. Von der Oberen Wirft ein starker Anstieg auf einem Grasweg; Tau und Nässe beim Schuhwerk bedenken! Insgesamt keine schwierige Wanderung.

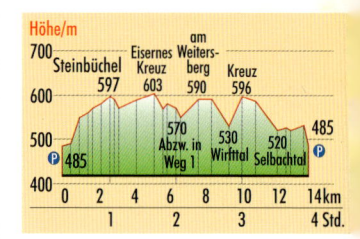

Einkehr: Nicht unterwegs; Rucksackwanderung.
Karte: KOMPASS Nr. 836, Schneifel-Ahreifel. Eifelverein Nr. 15, Oberes Kylltal, oder Nr. 17, Prümer Land.

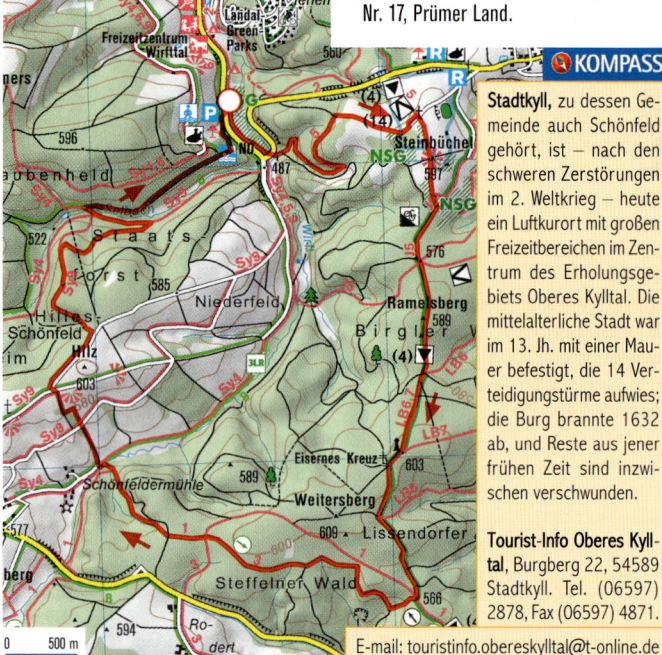

Stadtkyll, zu dessen Gemeinde auch Schönfeld gehört, ist – nach den schweren Zerstörungen im 2. Weltkrieg – heute ein Luftkurort mit großen Freizeitbereichen im Zentrum des Erholungsgebiets Oberes Kylltal. Die mittelalterliche Stadt war im 13. Jh. mit einer Mauer befestigt, die 14 Verteidigungstürme aufwies; die Burg brannte 1632 ab, und Reste aus jener frühen Zeit sind inzwischen verschwunden.

Tourist-Info Oberes Kylltal, Burgberg 22, 54589 Stadtkyll. Tel. (06597) 2878, Fax (06597) 4871. E-mail: touristinfo.obereskylltal@t-online.de

HOHE WESTEIFEL / SCHNEIFEL

Rast bei Schönfeld.

Wir starten die K 64 talaufwärts, nach 250 m links über die **Wirft.** Dahinter sogleich rechts auf Weg 5, ständig bergauf durch Wald, später Feld, vom **Naturschutzgebiet** links und geteert, bis zu einem kleinen Kreuz zur Rechten. Hier nach rechts und dem Zeichen ▶ folgen: Anstieg auf den **Steinbüchel** (totaler Rundumblick!); am Waldrand abwärts zu einem Fahrweg; auf diesem rechts und stets auch Richtung Steffeln orientieren, Fahrweg über den **Mottenberg** und geradeaus weiter, über den **Rammelsberg** und bis zur Abzweigung am Rettungspunkt 5605-054 und dem **Gedenkstein** (für einen Jagdhund) B0B Etzel von Gelderland; nach rechts zum nahen **Eisernen Kreuz,** dort links abbiegen und noch 1,2 km durch den **Lissendorfer Kammerwald** bis zu einer Fahrwegverzweigung mit Bank.

Nun nach rechts auf Weg 1 wechseln: 250 m stark abwärts; am Rettungspunkt 5605-053 nach rechts und zum **Weitersberg** wieder gedehnt ansteigen; etwa 1 km ziemlich flach um den Berg, ab dem Rettungspunkt 5605-048 in gleicher Richtung, bald aber bergab ins **Obere Wirfttal.**

Von Weg 1 abweichend rechts über die Wirft gehen, vom Radweg links und den anfangs geteerten Feldweg ansteigen, auch über einen festen Querweg und auf dem Grasweg bis zur K 64 auf der Höhe. Von der Bank mit Kreuz nach rechts auf Weg 9: Die Teerstraße am Waldrand 750 m leicht abwärts, dann links den Waldweg hinab; hinter einer Rechtskurve an der Gabelung in den linken Weg; von der nächsten Gabelung auf dem rechten Weg bis ins **Selbachtal;** scharf links etwa 400 m wieder talaufwärts, dann rechts über den Selbach und (Richtung Stadtkyll) nach rechts die Waldstraße abgehen. Wo nach 1 km der Weg 9 nach links markiert ist, geradeaus auf der Waldstraße bleiben, bergab zum Ausgangspunkt.

NORDEIFEL

45

Ormont – Mooshaus

Durch Venngebiete der Schneifel

Ausgangspunkt: Parkplätze an der Kirche. Weitere Parkmöglichkeiten am Bürgerhaus.
Bus/Bahn: Buslinie Prüm – Bhf. Jünkerath (Köln-Trier); nur wenige Verbindungen.
Gehzeit: 3½ Std. (14 km).
Charakter: Einsame, nicht schwierige Wald-Rundtour auf Wegen und Pfaden. Bei Nässe sind entsprechend hohe Schuhe unerlässlich.
Einkehr: In Mooshaus und Ormont. Etwas Wegzehrung mitnehmen.
Karte: KOMPASS 836, Schneifel-Ahreifel. Eifelverein Nr. 15, Oberes Kylltal, oder Nr. 17, Prümer Land.

Vom »Kirchweg« abwärts zur Verkehrsstraße, wird zunächst Weg 4 verfolgt: Links (Gaststätte) ansteigen und auch am **Bürgerhaus** vorbei; in die K 64 Richtung Neuendorf, gleich links die »Waldstraße« hinauf, aber am Ortsende in den Weg nach rechts; von der Abzweigung im Wald nach links am **Steinberg** steiler hoch; die querende Waldstraße nach rechts vollständig durchgehen, bis vor einem Wasserbauwerk wieder die K 64 erreicht ist.

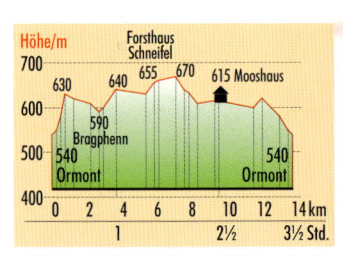

Auf dieser Straße nach rechts um die Kurve abwärts, am Rastplatz (zur Linken) sofort links talwärts gehen. Auf der markierten **Moor-Route** rechts halten, durch eine Senke, dahinter rechts abbiegend (Tafel) durch das **Bragphenn,** aus dem der **Rupbach** quillt. Am Hochwaldrand nach rechts gehen, auf dem Querweg aber nach links ansteigen. In den nächsten Fahrweg nach links abbiegen und diesen fast 2 km durchgehen, im bewaldeten **Glockersvenn** über einen Querweg und bis zur L 20.

Von der anderen Straßenseite nach links dem Zeichen ▶ folgen: Auf dem Pfad zum **Forsthaus Schneifel;** vorsichtig über die B 265 und ansteigen, bald rechts der **Schneifelhöhenstraße**

Moor-Route in der Schneifel.

HOHE WESTEIFEL / SCHNEIFEL

(K 108) auf dem Waldpfad bis zum 2. Querweg. Auf dieser beschilderten Moor-Route nach rechts und bergab. Unten in den Querweg nach links, jedoch in den nächsten Waldweg nach rechts abwärts. In der Folge an 2 Abzweigungen rechts halten und durch Wiesen. Von einer Wegekreuzung neben dem **NSG Rohrvenn** geradeaus (!) in den Wiesenweg (1, 19, G); oben links dem Hochwaldrand entlang, mit der Straße rechts nach **Mooshaus**.

Zurück geht es auf Weg 5: Oberhalb Mooshaus an der Bushaltestelle links in das bewaldete **Voigtsvenn**; an der Abzweigung nach rechts; im Moorwald der **Lambachquellen** links herum und dann 2,5 km stets in dieser Richtung durch das **Gebiet Im Dümpel** bis zur L 20; links neben der Heckenreihe auf dem **Walertsweg** abwärts; erst mit dem 2. Weg rechts über die Straße wechseln

SCHNEIFELHÖHE

Der etwa 15 km lange, zwischen Ormont und Brandscheid von Nordost nach Südwest verlaufene Höhenzug der Schneifel, bis 697,3 m hoch, bildet für die von Westen kommenden gesättigten Meerwinde eine natürliche Barriere und ist entsprechend reich an Niederschlägen. An allen Hangseiten entquellen Bäche, und etliche moorige Flächen erinnern an die überwiegend im Belgischen gelegenen Hochmoore des Hohen Venn. Im Winter ein bekanntes Skigebiet (Schneifel = Schnee-Eifel), wird dem Wanderer von Frühjahr bis Herbst eine schier endlose Waldeinsamkeit geboten.

Touristinfo Oberes Kylltal ▶ Tour 44.
Tourist-Information Prümer Land, Hahnplatz 1, 54595 Prüm. Tel. (06551) 505, Fax (06551) 7640. E-mail: ti@pruem.de; www.pruem.de.

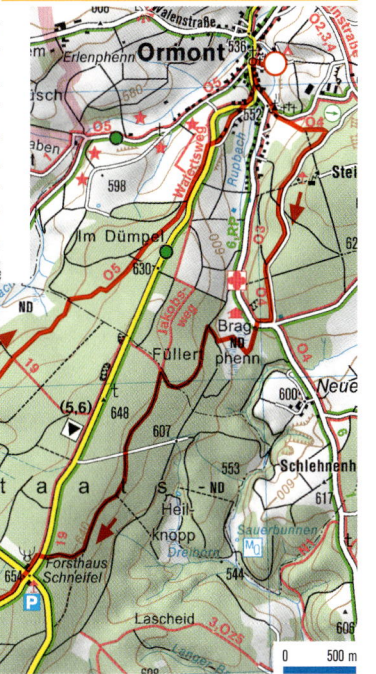

NORDEIFEL

46

Über den Schwarzen Mann

Schneifelhöhenwanderung

Ausgangspunkt: Großparkplatz Zum Schwarzen Mann, in Mitte der Schneifelhöhenstraße (K 108) B 265 – Brandscheid.
Gehzeit: Etwa 4 Std. (16,5 km).
Charakter: Längere, aber leichte Rucksackwanderung auf zumeist festen Waldwegen und mit vereinzelt weiten Landblicken. Nicht bei drohendem Wettersturz wandern! Bei Schneelage muss ab Brandscheider Kreuz etwa 300 m der L 17 gefolgt werden, weil der Waldpfad dann nicht mehr zu erkennen ist.
Einkehr: Nur im Blockhaus Zum Schwarzen Mann.
Karte: KOMPASS Nr. 836, Schneifel-Ahreifel, in der allerdings das Brandscheider Kreuz nicht mehr enthalten ist. Eifelverein Nr. 17, Prümer Land.

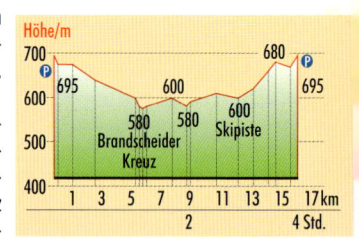

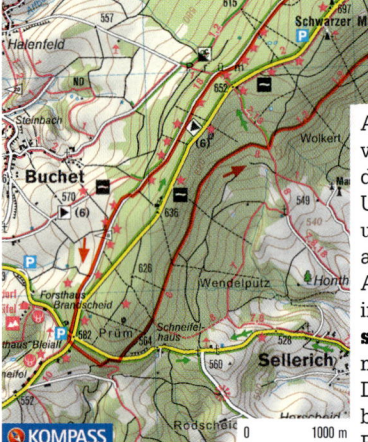

Am unteren Ende des Parkplatzes vor der **Königsbuche** rechts auf dem **Westwallweg** (1) abwärts. Unten in den Querweg nach links, und diesen Fahrweg beibehalten, auch an der **Gedenkstätte** vorbei. Ab einer Wegekreuzung Weg 18 in gleicher Richtung bis **Brandscheider Kreuz,** die letzten 150 m mit der Straße.
Dem Park- und Rastplatz gegenüber am Vorfahrtschild auf Weg 10 Richtung Sellerich in den Wald-

HOHE WESTEIFEL / SCHNEIFEL

Schneifelwanderung am Schwarzen Mann.

pfad. Auf dem nächsten Querweg nach links wieder ansteigen. Die L 17 80 m abwärts, dann links den Waldfahrweg hoch und nun für 6,5 km diese Richtung beibehalten: Bald als Weg 8 markiert; ab einer Wegekreuzung Richtung Schwarzer Mann als Weg 2, am nächsten Wegetreff links halten, und von unterhalb des Skihanges noch 500 m, zweimal aufwärts bis zur höchsten Wegstelle.

Weg 2 zweigt dort links ab (und kann als Abkürzung benutzt werden); 5 Schritte weiter wenden wir uns nach links in die **Moorroute** (Weg 4) für die Rückkehr:

Kurvig durch **Quellgebiete des Steinigebaches;** am Wegende die Straße ansteigen, auch über einen kreuzenden Waldweg und bis zur nächsten Waldwegekreuzung (rechts der Revierstein 214/218); hier links abbiegen und geradeaus halten, in der Folge nicht in den Weg nach rechts, danach nicht nach links gehen, bis sich der Weg an einem Dreieck gabelt; nun links herum und in die Rechtskurve; anschließend wieder ansteigen, aber nur etwa 40 m, um links (Zum Schwarzen Mann beschildert) in den Wald abzubiegen, zurück zum Ausgangspunkt.

SCHWARZER MANN

Der Name, zuerst wohl von im nahen Bleialf tätigen Harzer Bergleuten benutzt, bezeichnet die höchste Erhebung der Schneifel (bis 697,3 m) und ihren langgestreckten Höhenzug nordwestlich Prüm. Der hergebrachte Name war »Kerschtgeroth«. Daran erinnert der Tranchotstein Kerschtgeroth, der – neben der Botrange, Belgiens höchstem Punkt, und dem Lousberg in Aachen – die dritte Stelle markiert, von der aus der Militärgeograph Tranchot im Auftrag Napoleons ab 1803 die Rheinlande erstmals topographisch aufnahm.

Der Stein unter der anfangs angetroffenen Blutbuche (richtig »Königsbuche«), über viele Jahrhunderte eine der wichtigsten Grenzmarkierungen der Westeifel, schied die Höfe Auw, Alf (Bleialf), Sellerich und Gondenbrett sowie die Bistümer Trier, Köln und Lüttich. Die Westseite der Höhe ist gekennzeichnet von zahlreichen gesprengten Westwallbunkern, inzwischen zumeist überwaldet.

Tourist-Information Prümer Land ▶ Tour 45.

NORDEIFEL

47

Bleialf – Alftal – Buchet

Bergwerks-, Tal- und Höhenwege

Ausgangspunkt: Bleialf, Parkflächen an der Kirche.
Bus: Von Prüm.
Gehzeit: 2 Std. (7, 5 km).
Charakter: Rundtour, teils auf urigen Pfaden, teils auf festen Wegen, Naturerlebnis und Bergwerksgeschichte inbegriffen. Um Buchet deutliche Anstiege, zum Üchenbach ein kurzer Steilabstieg.
Einkehr: In Bleialf (mehrere).

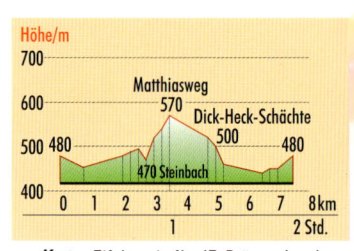

Karte: Eifelverein Nr. 17, Prümer Land.

Unterhalb der Kirche auf Weg 20 Richtung Prüm starten, am Hotel Waldblick in die »Oberbergstraße« abbiegen und diese ganz abwärts ins **Alftal** gehen. Jenseits der »Bergwerkstraße« auf den **Natur-**

BLEIALF

Der bedeutende Fremdenverkehrsort im Prümer Land, 893 als »Alve« zuerst erwähnt, war zumindest seit dem 11. Jh. ein Bergwerksort; der Betrieb wurde erst 1954 endgültig eingestellt. Erste Kirche 1187, Bistum Lüttich. Im 15. Jh. dreischiffige spätgotische Hallenkirche, in der ein in Europa einmaliger Gemäldezyklus – die 10 Gebote Gottes stehen den 10 Plagen unter Pharao gegenüber – freigelegt wurde. In den späteren Hallenanbau nach Süden sind die alten Schnitzaltäre und die Kanzel eingeordnet, und das Ensemble verdient die Bezeichnung »Mariendom der Eifel«. Führung durch das Besucherbergwerk »Mühlenberger Stollen« Mai bis Oktober 14–16 Uhr, sonst nach Anmeldung. Führung auch durch die an Kunstdenkmalen reiche Pfarrkirche St. Marien nach Anmeldung möglich.
Fremdenverkehrsverein Bleialf-Schneifel, Auf Kellerpesch 4, 54608 Bleialf. Tel. (06555) 302. Auch Eifelverein-Ortsgruppe Bleialf (www.eifelverein-bleialf.de).

HOHE WESTEIFEL / SCHNEIFEL

Besucherbergwerk »Mühlenberger Stollen« in Bleialf.

erlebnispfad (3): Dieses sog. »Bähnchen« der einstigen Bergleute gerät oberhalb der Halden der **Grube Neu-Berthaschacht** an den Wiesenrand, wo wir die Talseite wechseln; hinter der Alfbrücke nach rechts ansteigen, den breiten Weg nach links hinauf zur Grillhütte (mit Skulpturenweg) und zur K 105. Diese abwärts. »Auf dem Steinbach« scharf rechts in die Talstraße. Am letzten Haus rechts über den Bach und hoch nach **Buchet.** Vom Stromverteiler links die Straße »In der Jennenbach« ansteigen. Oben rechts »Schneifelweg«, doch sofort erneut rechts und die Feldstraße hinauf.
Auf der Höhe rechts in den querenden **Matthiasweg** (▶) und mit Panoramablick abwärts, bei **Weidinger** über die K 105, danach auch über die L 17 und noch 250 m weiter. Dann links auf den **Bergbaupfad** (4): In der nächsten Waldecke (Abstecher) die **Dick-Heck-Schächte;** am Waldrand noch ein wenig abwärts, dann in den Wald, und bald rechts auf urigem Pfad um alte **Pingen** (Einsturzkuhlen), sorgfältig auf die Markierung achtend und zuletzt steil bergab ins **Üchenbachtal.** Von der Schutzhütte rechts auf Weg 5 durch den Wald, später am **Aspend-Schacht** vorbei, und im Ortsteil **Hamburg** an der **Grube Neue Hoffnung** mit dem **Besucherbergwerk »Mühlenberger Stollen«.**
Auf dem Fußweg neben der Landstraße über die Bäche und ansteigen nach **Bleialf.** »Im Brühl« nach rechts (Schule), nächster Weg hoch ins Zentrum zum Ausgangspunkt.

NORDEIFEL
▼
48

Bleialf – Ihrenbachtal – Kopfberg

Auf dem Grenzwanderweg um Mützenich

Ausgangspunkt: Markplatz, Parkplätze neben der Kirche.
Bus: Von Prüm.
Gehzeit: Etwa 5 Std. (18 km).
Charakter: Tages-Rundtour durch Wald und Feld mit weiten Landblicken und stillen Bachtälern, nicht schwierig, mäßige Steigungen.
Einkehr: Nicht unterwegs, nur in Bleialf (mehrere); also Rucksackwanderung.
Karte: Eifelverein Nr. 17, Prümer Land.

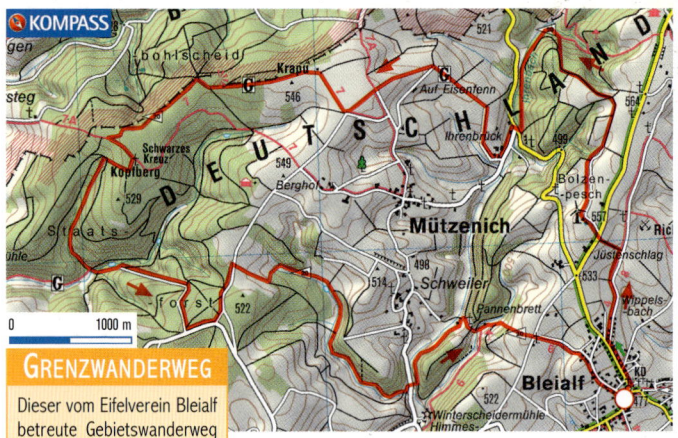

GRENZWANDERWEG

Dieser vom Eifelverein Bleialf betreute Gebietswanderweg verläuft entlang der belgischen Grenze auf deutscher Seite von Roth-Mooshaus (an der B 265) zum Grenzübergang Steinebrück und weiter zum Europadenkmal im Dreiländereck (Deutschland – Belgien – Luxemburg) südlich Ouren. Er bietet auf 50 km Länge eine Fülle abwechslungsreicher Wanderlandschaften.
▶ Tour 47.

Ein Wandertag auf der Prümer Landtour 20. Wir starten oberhalb des Marktplatzes nach rechts, zwischen Bürgerhaus und Kirchenportal vorbei auf Weg 8: Die »Auwer Straße« hinauf; »Am Bräuhäuschen« rechts abbiegen und auf dieser Feldstraße bis hinter eine Senke. Nach kurzem Anstieg auf dem querenden Feldweg links vor der Heckenreihe bergauf. Oben die L 1 nach rechts überschreiten und in einen Feldfahrweg mit befestigter Fahrspur, der auf der Höhe vor einem Wasserbehälter nach

HOHE WESTEIFEL / SCHNEIFEL

Frühling im Ihrenbachtal

rechts knickt und sich senkt. In gleicher Richtung weiter, Hecken entlang, über einen breiten Kiesweg und halbrechts. Am Wegetreff von zwei nach links abzweigenden Feldwegen den zweiten nehmen, der sich zum östlichen Waldrand und dann im Wald senkt.

Unten nach links nun auf den **Grenzwanderweg** (G, auch 20 im weißen Dreieck): Das **Ihrenbachtal** abwärts; über die Straßenbrücke (L 17) nach **Ihrenbrück,** links auf die K 103, jedoch hinter den letzten Häusern rechts und um den **Ihrenhof** bergauf; **Auf Eisenfenn** oben zwei Feldstraßen links lassen; am 5-Wege-Stern rechts hoch zur **Schutzhütte Krapu;** entlang der belgischen Grenze über den Höhenzug, zuletzt mit einem Fahrweg links zum **Schwarzen Kreuz** auf dem **Kopfberg;** Weg 7 geht hier geradeaus, während wir zweimal rechts abbiegen und einen Talgrund ganz hinunter gehen. Unten – abweichend vom Grenzwanderweg – nun nur noch Weg 20 (weißes Dreieck) folgen: Den **Urber Bach** überbrücken und wieder ansteigen bis zur K 102; nach links bis in die Rechtskurve, dort links in die Waldstraße; nachdem der Wald auch zur Linken zurückgetreten ist, rechts abwärts, vor dem Waldrand links und ein Bachtal ganz hinab zur K 103 im Ihrenbachtal; ein paar Schritte links, dann rechts über den Ihrenbach und talaufwärts bis zum nächsten Bachübergang; hier rechts über die Anhöhe in ein anderes Tal, und rechts der Schutzhütte kräftig ansteigen; die erreichte Feldstraße überquert nahe **Pannenbrett** einen Teerweg, führt geradeaus direkt nach **Bleialf,** und es geht die »Poststraße« hinab zum Ausgangspunkt.

NORDEIFEL

49

Prüm – Tettenbusch – Münsterberg – Kalvarienberg
Durch die Kuranlagen und über die Berge

Ausgangspunkt: Gr. Parkplatz (200 Plätze) »Konvikt/Haus der Kultur«, untere Kalvarienbergstraße. Zufahrt von Norden (B 265) über »Umweg«, von Süden (Bahnhofstraße) durch »Kreuzerweg«.
Bus: Von allen Richtungen, auch von den Hauptbahnhöfen Trier und Aachen sowie von den Bahnhöfen Jünkerath und Gerolstein (Eifelstrecke Köln-Trier).
Gehzeit: Etwa 3 Std. (10,5 km).
Charakter: Rundtour, zumeist auf festen Wegen, auch mit längeren An- und Abstiegen, jedoch keine steilen Wege. Weite Schneifelblicke vom Münsterberg.

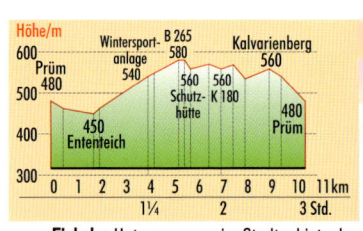

Einkehr: Unterwegs nur im Stadtgebiet, also Rucksackverpflegung mitnehmen. (Die Gaststätte an der Wintersportanlage ist während der Wandersaison zumeist nicht geöffnet).
Karte: KOMPASS 836, Schneifel-Ahreifel. Eifelverein Nr. 17, Prümer Land.

Wir starten von der Parkplatzeinfahrt mit dem Zeichen ▶ die »Kalvarienbergstraße« abwärts, aus der Rechtskurve (Kreuzerweg) links »Fuhrweg) hinab zum zentralen »Hahnplatz«. Links vor der Tourist-Information vorbei, auf dem Zebrastreifen über die »Hahnstraße« und – mit Blick auf die Basilika – um den Platz. Richtung Kurpark durch die »Teichstraße«, vorbei am **Brunnen der Stadtgeschichte**, am Parkhaus sowie am Kurzentrum, und durch die **Kuranlagen** bis vor den **Entenweiher**. Dort nach links ansteigen, und auf dem **Bienenlehrpfad** direkt unterhalb der Straße bis vor die Ausstellungspavillons und die Tafel »Insektenhotel«.

Nun rechts die Tritte hoch, über die Straße »Am Kurpark« und nach rechts auf den Forsthausweg 3: Gedehnt und bedächtig im **Tettenbusch** 1,5 km waldaufwärts; an einer Abzweigung die Clemens-Hosius-Hütte links lassen, also rechts daran vorbei zur **Winter-**

HOHE WESTEIFEL / SCHNEIFEL

Geschichtsbrunnen in Prüm.

sportanlage Wolfsschlucht; oberhalb des Hauses vor der Landschaftstafel links den Bergpfad hoch zu einem Querweg.
Auf diesem nun nach rechts zum Wanderparkplatz Nr. 15, dahinter die Zufahrtstraße rechts hinauf zur B 265. Nach links am Straßenrand 180 m bis vor das Ortsschild Walcherath, dort rechts am Waldrand bergab. Im Wald in den ersten Weg nach links wechseln: An der Schutzhütte vorbei; an einer Abzweigung auf den linken Weg; wenig später, weiter um den **Münsterberg,** über einen waldfreien Steilhang mit »Eifelgold« (Ginster) und Schneifelblick über den »Schwarzen Mann«. In gleicher Richtung bald danach auf den **Willibrordusweg,** dessen Markierung ▶ uns zurückführt: Zur K 180, an deren Rand über die Anhöhe nach **Tafel;** vor der B 265 rechts (Richtung Krankenhaus) auf dem Bürgersteig aufwärts; vor der Krankenhausanlage rechts in den »Franz-Meyer-Weg« und hoch auf den **Kalvarienberg;** links um das riesige **Gedenkkreuz,** und dahinter halbwegs um den **Explosionskrater** auf den **Stationenweg;** an der Kreuzweg-Doppelstation »Jesus wird seiner Kleider beraubt«/»Jesus wird ans Kreuz genagelt« links direkt bergab, in gleicher Richtung an der Kapelle »Unserer lieben Frau« vorbei und auch die »Kalvarienbergstraße« hinunter bis zum Ausgangspunkt.

PRÜM

Die Stadt, Wirtschafts- und Kulturzentrum der Schneifel, entwickelte sich aus einem um 721 von der Urgroßmutter Karls des Großen gegründeten Kloster, das später Reichsabtei und ab 1222 sogar Zentrum eines Fürstentums wurde. Von dem bis zur Mosel und zum Rhein begüterten Kloster gingen bedeutende Entwicklungsschübe für die Eifel aus. Durch die Explosion von 531 Tonnen auf dem Kalvarienberg eingelagerter Kriegsmunition wurde die Stadt am 15.7.1949 schwer zerstört, dann modern wieder aufgebaut. Sehenswert sind vor allem: Abteigebäude mit Salvatorbasilika, darin das Grab Kaiser Lothars I. (795 – 855); kulturhistorisches Museum im Rathaus; Schulungs- u. Infostätte »Mensch und Natur« vor dem Rathaus.

Eifel Tourismus GmbH, s. Seite 8.
Tourist-Information Prümer Land ▶ Tour 45.

NORDEIFEL

50

Durch die Schönecker Schweiz

Zur Burg und in das Naturschutzgebiet

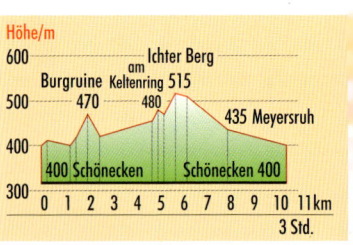

Ausgangspunkt: Schönecken, Wanderparkplatz am Schalkenbach. Dazu an der Ortsseite neben der Nimsbrücke einbiegen.
Bus: Von Prüm, Bitburg, Kyllburg und Trier (Hbf.), Haltestelle Lindenstraße.
Gehzeit: Etwa 3 Std. (10,5 km).
Charakter: Rundwanderung auf Wegen und Pfaden. Viele Treppen zur Burgruine, von dort ins Tal ein steiler Pfad. Kurzer Steilaufstieg auch zum Ichter Berg. Zweite Hälfte der Strecke nur noch talwärts. – Am Weg etliche Tafeln, Verlierbäche und Klüfte, dazu eine reichhaltige, bezaubernde Kalkbodenflora. Viele Fotomotive.
Einkehr: Nur in Schönecken, also Rucksackwanderung.
Karte: KOMPASS NR. 836, Schneifel-Ahreifel. Eifelverein Nr. 17, Prümer Land.

Eine Wanderung durch den interessantesten Teil der Prümer Kalkmulde, zum Schauen und Verweilen wie zum Gehen.

Mit dem Zeichen ▶ starten: Vom Parkplatz abwärts, rechts über die Nims und links »Iltgesdell« etwa 150 m ansteigen, dann links durch den Talhang, auch mit Blick auf die Burgruine. Vom Feuerwehrhaus erneut über die **Nims** (»Vollbach«). Schräg rechts über die Hauptstraße und Treppen hinauf (Alter Markt), links »von-Hersel-

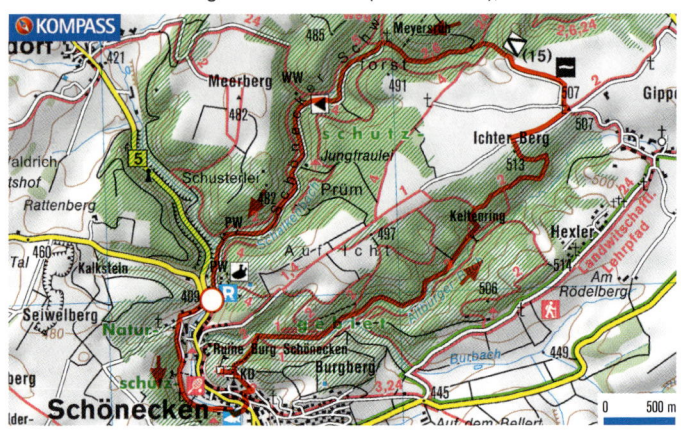

HOHE WESTEIFEL / SCHNEIFEL

Burgruine Schönecken.

Straße«. Gegenüber Haus Nr. 13 die Tritte hoch und an der **Burgkapelle** vorbei. Auf Weg 1 nach rechts, dann links hoch. Von der Tafel und Bank über den Bergkamm zur **Burgruine,** 78 m über der Nims.

Über den Kamm zurück, vor der genannten Bank auf Weg 1 links abwärts, nach 25 m rechts und hinab ins **Altburger Bachtal.** Über die Brücke und nun das Tal an dieser Nordseite bleibend gut 2 km aufwärts, erst Weg, später Pfad, der ab der Wanderbrücke (Weg 1-Übergang) noch 250 m weiter verfolgt wird. Dann links halten und kräftig bergauf. Oben auf dem Fahrweg (links der **Keltenring**) nach rechts, etwas abwärts, anschließend kurvig hoch auf den **Ichter Berg.**

Auf dem Teerweg nach rechts bis zur Kreuzung. Dort links dem Zeichen > folgen, nach 50 m rechts und etwa 2 km den Talgrund des **Schalkenbaches** hinunter bis **Meyersruh,** Querweg am **Matthiaskreuz** vor dem **Kupferbach.** Links auf diesem Querweg mit der Markierung ▶ das Schalkenbachtal weiter abwärts bis zum Ausgangspunkt.

SCHÖNECKEN

Die Schönecker Schweiz gehört zur größten Eifeler Kalkmulde, nämlich der durch ihren Fossilienreichtum und die Eifeler Kalkflora bekannten Prümer Mulde (240 km^2). Die Kalke lagerten sich im subtropischen Eifelmeer des Devon (vor 320-380 Mio Jahren) ab. Der Wanderer erlebt einmalige Natur. – Keltische Fliehburg, etwa 55 v. Chr. Schönecken wird erstmals 993 n. Chr. erwähnt. Das im 13. Jh. errichtete Schloss Bellecoste (clara costa), ab 1370 luxemburgisch, dann trierisch und Wohnsitz des Kurfürsten, verbrannte 1802. Verblieben ist die romantische Ruine über der Nims.

Prümer Land ▶ Tour 45.

STICHWORTVERZEICHNIS

A
Aachen (Stadt) 24-25
Abenden 35
Ahr (Fluss) 94-95, 98-101
Ahrhütte 98, 101
Ahrmühle 97
Aufbereitung 108-109
B
Bad Münstereifel (Stadt) 80-87
Belgenbacher Mühle 65
Bergstein 38
Besucherbergwerke 109, 119
Blankenheim (Gemeinde) 94-101
Bleialf 118-121
Blens 41
Breinigerberg 18-19
Bronsfeld 74
Buchet 119
Burgfey 77
D
Dahlem (Gemeinde) 102-105
Dalbenden 89-90
Decke Tönnes 84, 86
Dedenborn 61
Dollendorf 99
Dreiborn, -er Höhe 56-59
Dreilägerbach, -talsperre 24-27
E
Effelsberg 84-87
Eifelsteig 9
Einruhr 54-55, 58-63
Eiserfey 78-79
Erkensruhr 59, 62-63
F
Fuhrtsbach (NSG) 70-73
G
Gilsdorf 83
Görresburg 90
Grenzwanderweg 120-121
Großhau 14-15
Grünenthal 64
Grüner Pütz (Römerquelle) 88-91
H
Hasenfeld 42, 49
Hasselbach, -graben 22-23, 26-27
Heidenköpfe 102-103
Heimbach (Stadt) 40-53
Hellenthal (Gemeinde) 74-75, 92-93, 106-111
Hirschley 53
Hirschrott 62-63
Hochwildpark Rheinland 76-77
Höfen, -er Mühle 70-71
Hollerath 106-107
Holzem 86
Hürtgen, -wald 12-17, 26-31, 36-43
I
Ihrenbrück 120
Imgenbroich 65
J
Jägerhaus 26-27
K
Kall (Gemeinde) 88-89
Kall (Fluss) 28-31
Kallbrück, Kalltalsperre 30-31
Kallmuth 79
Kalterherberg 68-69
Kartstein mit Kakushöhle (NSG) 79
Katzvey 76
Kempensiefen 86
Kermeter 44-55
Klausbrunnen 79
Kommern 76-77
Kreuzau (Gemeinde) 32-33, 36-39
Kronenburg, -er See 104-105
Kyll (Fluss) 105, 110-111
L
Lampertstal (NSG) 98-101
Langerwehe (Gemeinde) 12-13
Laufenburg 13
M
Manscheid 93
Mariawald (Abtei) 48-51
Marmagen 90-91
Mechernich (Stadt) 76-79
Meroder Wald 12-13
Mestrenger Mühle 29
Michelsberg 86
Mirbach 99
Monschau (Stadt) 64-73
Monschauer Land (als Gebiet) 20-31, 45-46, 54-55, 58-73
Moor-Route (Schneifel) 114-117
Mooshaus 115
Mülheim 95
Münsterwald 18-19, 24-25

STICHWORTVERZEICHNIS

Mützenich (VG Prüm) 120
Mulartshütte 23

N
Narzissen/Wildnarzissen 70-73, 106-107
Nationalpark Eifel 7-9, 34-73
Naturschutzzentrum Eifel 91
Nettersheim (Gemeinde) 88-91
Nideggen (Stadt) 34-41, 44-47
Nöthen 82-83
Nonnenbach 96-97

O
Obere Kyll 102-105, 112-115
Obermaubach 32-33, 36-39
Obersee 46, 52-55
Olef, -talsperre 74, 106-107
Ormont 114-115

P
Paulushof 47, 53, 55
Perlenbach, -talsperre 66-68, 70-71
Pesch 83
Prethtal 109
Prüm (Stadt) 122-123
Prümer Land (als Gebiet) 112-125

R
Radioteleskop Effelsberg 84, 85
Reetz 95
Reifferscheid 92-93
Relais Königsberg 24-25
Rescheid 108-109
Ripsdorf, -er Wald 96-101
Römerkanal (Römische Eifelwasserleitung) 78-79, 88-91
Römische Tempelanlagen 82, 91
Römerquelle Grüner Pütz 89
Roetgen (Gemeinde) 22-27
Rott 22-23
Rothe Kreuz 73
Rur (Fluss) 32-49, 52-55, 58-69
Rurberg 46-47, 53, 55
Rurtalsperre 40-49

S
Satzvey 76
Simmerath (Gemeinde) 26-27, 30-31, 52-55, 58-63
Simonskall 28-29
Schevenhütte 12-13
Schlangenberg (NSG) 18
Schleiden (Stadt) 50-51, 56-59, 74-75, 106-107
Schloßthal 100
Schmidt 41
Schneifel 115-123
Schönecken, Schönecker Schweiz 124-125
Schönfeld 112-113
Schwalenbach 109
Schwammenauel s. Rurtalsperre
Schwarzer Mann 114-117
Stadtkyll 112-113
Stauseen s. Talsperren
Steinfeld 90
Stolberg (Stadt) 12-13, 18-21
Struffelt (NSG) 22-23

T
Talsperren 7 (Übersicht)

U
Udenbreth, -er Mühle 109
Urfey 78-79
Urft (Ort) 89
Urft (Fluss), Urfttalsperre 52-55, 88-91

V
Vogelsang 6, 8, 56-57
Vollem 79
Vossenack 15, 17
Vussem 78-79

W
Wacholderschutzgebiete 98-101
Wahlen 90
Wahlerscheid 72-73
Wehebach, -talsperre 12-17
Weiße Wehe 12, 16-17
Weißer Stein 110-111
Weyer 79
Widdau 64
Wildenburg 92-93
Wildfreigehege Hellenthal 75
Wildnarzissengebiete s. Narzissen
Wiesen (Ort) 93
Wirftstausee 7
Woffelsbach 44-45
Wolfgarten 50-51
Wollseifen 57

Z
Zerkall 34-38
Zingscheid 92
Zitterwald 110-111
Zweifall 20-21

KOMPASS

NR. 1 FÜR WANDERKARTEN

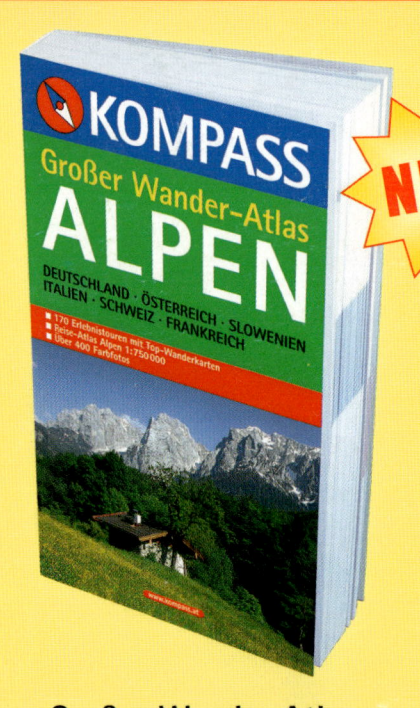

Großer Wander-Atlas
ALPEN

- 170 Erlebnistouren mit Top-Wanderkarten
- Reise-Atlas Alpen 1:750000
- Über 400 Farbfotos

www.kompass.at

ISBN 3-85491-604-3 · Verlagsnummer: 604